AZILÁN

ORIGEN Y DESTINO

Melquiades González Gaytán
Adriana Edith Mercado Palomar

EE.UU. ▪ Canadá ▪ Reino Unido ▪ Irlanda

Copyright 2006 Melquiades González Gaytán y Adriana Edith Mercado Palomar
Todos los derechos reservados. Esta publicación no puede ser reproducida, ni en todo ni en parte, ni registrada en o transmitida por un sistema de recuperación de información, en ninguna forma ni por ningún medio, sea mecánico, fotoquímico, electrónico, magnético, electroóptico, por fotocopia, o cualquier otro, sin el permiso previo por escrito del autor.

Aviso a Bibliotecarios: La catalogación bibliográfica de este libro se encuentra en la base de datos de la Biblioteca y Archivos del Canadá. Estos datos se pueden obtener a través de la siguiente página web: www.collectionscanada.ca/amicus/index-e.html
ISBN 1-4251-1145-9

Impreso en papel que contiene un mínimo del 30% de fibras recicladas.
Nuestros talleres gráficos utilizan "energía verde" de fuentes solares, eólicas y de otro tipo, las cuales no afectan negativamente al medio ambiente

Oficinas en Estados Unidos, Canadá, Reino Unido e Irlanda

Venta de libros en América del Norte y al extranjero:
Editorial Trafford, 6E-2333 Government St.
Victoria, BC V8T 4P4 CANADÁ
Teléfono: 250 383 6864 (llamadas sin cargo: 1 888 232 4444)
Fax: 250 383 6804; email: pedidos@trafford.com
Venta de libros en Europa
Trafford Publishing (UK) Limited, 9 Park Street, 2nd Floor
Oxford, UK OX1 1HH UNITED KINGDOM
Teléfono: +44 (0)1865 722 113 (tarifa local 0845 230 9601)
facsimile +44 (0)1865 722 868; pedidos.ru@trafford.com
Pedidos por Internet:
Trafford.com/06-2904

10 9 8 7 6 5 4 3 2

Dedicamos este trabajo a nuestros hijos, que aunque ellos no pidieron venir al mundo, los trajimos con mucho amor y mucha ilusión. Esperábamos entregarles un mundo mejor y éste mundo que hoy viven está mucho peor, pero tratamos de convencerlos de que ellos pueden cambiarlo, que no vayan a perder la ilusión por la vida y sobre todo que su generación no vaya a poner en peligro de extinción la especie. Así también, lo dedicamos a nuestros sobrinos, para que no olviden su origen y conozcan su historia.

Zeus Édrian Daniel Alfonso
Paulina

Miguel Angel	*José Alberto*	*Dennis*
Óscar	*Antonio*	*Verónica*
Diego		
Xavier	*Marco Antonio*	*Nancy*
Elio	*Rosa Nelly*	*Daisy*
Thor Yahved	*Jimmy*	*Lizzie*
	Érica	
Celia Elizabeth	*José Miguel*	*Jorge*
Daniel	*José Luís*	*Édgar*
César	*Juan Carlos*	
Óscar	*Alejandra*	
Mónica	*Carmín*	
Érica	*Stephanie*	
	Natallie	

ÍNDICE

Prólogo ix

Capítulo 1	Dios migrante	1
Capítulo 2	Homo sapiens espaldas frías	15
Capítulo 3	Ruta: Utah-Aztlán-Chicomoztóc-Tenochtitlán	19
Capítulo 4	Real el mito de Aztlán	25
Capítulo 5	Aztecas, la séptima tribu nahuatlaca	33
Capítulo 6	América salvaje, Europa demoníaca	47
Capítulo 7	América, el Nuevo Mundo	69
Capítulo 8	La conquista de México, la aniquilación y el milagro mexicano	73
Capítulo 9	El saqueo de México por España	81
Capítulo 10	España, Madre Patria o Patria Maldita	89

Capítulo 11	Once, un número cabalístico para México	99
Capítulo 12	Breve historia de una Independencia muy pospuesta	119
Capítulo 13	Las trece colonias y los anglos	129
Capítulo 14	La guerra de 1847 entre México y Estados Unidos	139
Capítulo 15	El Tratado Guadalupe-Hidalgo	161
Capítulo 16	108,000 mexicanos en Aztlán	175
Capítulo 17	¿Compras o robos?	183

Interpelatorio   195

Ilegales legales y legales ilegales   195
El colmo del destino, pagar la deuda española   198
Hasta nuestros indígenas emigran al extranjero   199
Mexicanos en guerras norteamericanas   202
Justicia mexicana, la más cara del mundo   203
Aniversario de la dependencia de México, 2010   205
Granjas humanas   206

Propuestario	211
75,000,000 Ciudadanías para México	211
Inglés, segunda lengua para México	213
Cinco papas mexicanos	216
2 de febrero, tampoco se olvida	217
Los dioses: guías espirituales, aliados o enemigos	220
Dispensario	227
Bibliografia	229

PRÓLOGO

Todo trabajo en esta vida debe tener un objetivo y el objetivo de este libro no es confrontar las partes que aparecen en él, porque ya se encuentran confrontadas desde hace muchos años y quizá siglos. Pero sí tiene como objetivo que la gente conozca la parte de la historia que no querían que se conociera, para que permita, en lo que pudiera contribuir esta humilde obra, formarse sus propios juicios y generar sus propios criterios; buscando que sea otra la historia que se cuente dentro de 500 años y no se repita la misma historia de los pasados 500 años, donde nuestra raza de bronce casi desaparece en manos de una supuesta civilización, dizque más avanzada. Por 90 años vivimos una masacre que bien se puede calificar como holocausto, a manos de los españoles, dirigidos por sus reyes, papas y frailes católicos, y guiados, y consentidos por su Dios. Esas son las cartas que se deben de poner en la mesa, así como ocurrió y al agua se le debe de llamar agua, al pan, pan y al vino, vino. En 90 años acabaron con 29,000,000 de mexicanos indígenas de más de 90 tribus que existían, quedando menos de un millón de indígenas para el año 1610.

Aquella "Avanzada Civilización" de doble moral y comportamiento hipócrita, escribió para sus historiadores múltiples ordenanzas reales para supuestamente proteger a los indígenas, para no esclavizarlos, para darles la igualdad frente a los civilizados españoles, cosa que nunca ocurrió durante la Colonia, hasta que no se luchó por la independencia y así se escribió la falsa historia. Sin embargo, los comunicados entre el rey Fernando II y los virreyes en la Nueva España eran del siguiente tipo: "Que se cumplan las metas, que se produzca lo propuesto y se envíe lo acordado, no importa lo que se tenga que hacer, ni como se tenga que hacer".

Nos independizamos de España gracias a los Españoles y clérigos que vivían en México, porque convenía a sus intereses la Independencia de México, para conservar sus privilegios y seguir explotando al país y a su gente, el fin no era luchar por la igualdad entre los hombres, sino continuar con la desigualdad entre los mexicanos, los españoles y el clero. Casi todos nuestros héroes de la Independencia fueron fusilados por el ejército español: El cura Hidalgo, Allende, Jiménez, Aldama y el cura Abasolo (quien fue entregado al clero); el cura Morelos,

Galeana y el cura Matamoros; Moreno, Mina y el cura Servando y los últimos, Guerrero y Victoria que continuaban en lucha, fueron los únicos que no murieron porque se negocio con ellos para acabar con el movimiento armado.

Nos independizamos de España, pero a cambio de la independencia, España nos dejó una deuda que nunca se pudo pagar. Para el 2005 se tenía una deuda de 150,000,000,000 de dólares y en los últimos 10 años tuvimos que pagar 80,000,000,000 de dólares solo de puros intereses y la deuda continúo igual y nuestros 80,000,000 de pobres, cada vez más pobres. Posterior a la Independencia en 1821, recibimos un país en total caos, un gobierno sin fondos, sin preparación y con un alto grado de corrupción. No han sido suficientes 200 años para limpiar de lacras, ni el gobierno, ni la sociedad, que también hoy se encuentra impregnada peligrosamente; hoy tanto la delincuencia, como la corrupción del gobierno se encuentran fuera de control.

Al presentarse golpe de estado, tras golpe de estado, tuvimos 32 gobiernos de 1821 a 1847, uno cada 8 meses, no había tiempo de construir o reconstruir un país y de aquella herencia, que nos correspondía, hasta Utah por los Aztecas y hasta el Polo Norte por los españoles, todo se perdió. Por nuestra mala organización, nuestro descuido y nuestro olvido, los ingleses, franceses, holandeses y rusos, nos arrebataron toda Norteamérica y hasta lo que ya teníamos con linderos y acuerdos. Primero vinieron a invadir 16,000,000 de kilómetros cuadrados, propiedad de España y posteriormente con una guerra provocada por los mismos anglosajones norteamericanos, nos arrebataron en 1847, más de 2,400,000 kilómetros cuadrados de territorio mexicano.

Capítulo 1

DIOS MIGRANTE

Si nos ubicamos en el inicio del tiempo y del espacio, tenemos que contradecir a las Religiones o a la Ciencia, esto nos pone en un gran problema con los dogmas de cada una de ellas. El trabajo de la Ciencia generalmente ha sido encaminado hacia el bien común y el de las Religiones, que debería de ser su objetivo principal, a través de la historia ha beneficiado más a los ricos que a los pobres; la prueba es que en el mundo casi todos somos pobres, de los 6,500 millones de habitantes que hay en el planeta, más de una tercera parte de la población vive con menos de un dólar diario, o sea, más de 2,500 millones de habitantes del mundo viven en extrema pobreza, de ahí sube en una aplastada campana de Gauss, hasta llegar a que solo los habitantes de 10 países viven de manera decorosa, la mayoría del resto se encuentra entre la pobreza y la pobreza extrema, parece que el objetivo de este mundo fuera el ser pobre. Ante tanta pobreza, el número de ricos del mundo no cuenta, porque son tan pocos que parecen insignificantes y frente al Universo, la Tierra es un astro de pobres dentro de la creación. Solamente 42 hombres de los Estados Unidos son dueños de la mitad de los dineros del mundo, 13 alemanes son dueños de más de una décima de las riquezas monetarias del mundo. De esta manera, 55 anglosajones son dueños de más de un 60% de todas las riquezas que actualmente se producen en el mundo. ¿No será función de los gobiernos y las religiones, moderar las riquezas de las personas? ¿Influir para una distribución más equitativa? ¿No sería humano que todos disfrutáramos de las riquezas de ésta Tierra? Cuando llegaron los europeos a América, no creían que los aborígenes fueran humanos, en parte porque la Iglesia Católica manejaba que no podría haber seres humanos más allá de lo conocido hasta entonces ¿Será que los anglosajones y la mayoría de los europeos, siguen considerando que los pobres no somos humanos? La contradicción más grande de nuestro planeta, de nuestro tiempo y de nuestros múltiples dioses, es hacer un rico a costa de millones de pobres.

Pero ¿Por qué caer en contradicciones?, porque si empezamos de cero, encontramos que en el año 1650, James Ussher, arzobispo de Armeah, basado en interpretaciones del Génesis de la Biblia, señaló que la Creación se inició en el año 4004 a.c. Yendo aún más lejos, John Leghtfoot, vicerrector de la Universidad de Cambridge, afirma que todo inicia el 23 de octubre del año 4004 a las 9 de la mañana. Estas afirmaciones contradicen toda la historia antigua de varias civilizaciones, la existencia de muchas especies animales y vegetales extintas, los orígenes mismos del hombre, así como contradicen a casi todas las ciencias humanísticas, biológicas y exactas en el conjunto de sus conceptos actuales.

Pero queremos empezar de cero, de un punto sin tiempo y sin espacio, donde muy probablemente Dios, con nosotros inició esta migración hace 15,000 millones de años, fecha de la Gran Explosión, "Big Bang", donde se formaron millones de galaxias y en una de ellas iniciamos nuestro viaje en forma energético-material para poder existir a las velocidades inimaginables de la "Gran Explosión", que nos depósito en un brazo de una espiral de la Vía Láctea, donde nos absorbió una estrella y nos puso a girar a 250 Km/ s, y con un doble giro empezamos a girar alrededor de nuestra estrella, él Sol, a 30 km/s y un giro más sobre el eje de nuestro propio planeta a 0.46 km/s, desde entonces la Bendita Tierra no ha dejado de girar. Aquel primer aventón, un primer giro, un segundo giro, un tercer giro, y la estabilidad en el Universo de nuestro pequeñísimo Sistema Solar se llevó los primeros 10,000 millones de años posteriores al "Big Bang".

Después de aquel gran impulso, son pocas las visitas que hemos tenido de Dios, al menos los registros son mínimos y debemos ser afortunados de su presencia ante la multitud de lugares en que debe hacerse presente por las posibilidades de vida en el presente Universo, aunque muchas personas crean, sobre todo teólogos que somos Creación única.

Muchos hombres de Ciencia hoy creen, que cada estrella tuvo las mismas posibilidades de atrapar los elementos necesarios y la chispa divina para poder hacer posible la vida. Esto nos hace pensar que en millones de estrellas de millones de galaxias, la posibilidad de vida en otros mundos es infinita y que sólo un Dios eternamente migrante puede supervisar el buen desarrollo de esta inmensa Creación, que si pensamos solo en nuestro planeta por el que han pasado desde el origen de la humanidad, 100,000 millones de seres humanos y que actualmente solo estamos presentes 6,420 millones, los cuales no podemos ponernos de acuerdo en políticas, en religiones, en costumbres, en casi nada. Pero nos distingue hasta el momento, del resto del universo, ese espíritu que nos mueve por la vida dándole un sentido a todo lo que nos rodea. Así, sin ser únicamente el resultado del efecto químico de 118 elementos, que por separado no existiríamos, juntos podemos llegar a ser y muchas veces llegando a ser no llegamos a existir. Lo más increíble del ser, es que aun careciendo de oro en su formación puede llegar a brillar y valer mucho más que ese preciado metal, o ser tan venenoso como el arsénico o peligroso como el uranio.

Pero continuemos ubicándonos y estábamos a 10,000 millones del "Big Bang", lo que nos pone a 5,000 millones de distancia, en esos tiempos inicia la estabilización de nuestro sistema solar, con sus planetas, planetas enanos, sus satélites, su cinturón de meteoritos entre Marte y Júpiter.

El Sol, nuestra estrella, la Luna y la Tierra son hijos de la misma Galaxia, esto se sabe porque en el Sol se han determinado al menos 98 elementos químicos de los 118 conocidos en la tierra, y en cuanto a la Luna, varias teorías creen que formaba parte de la Tierra y que se separó de ella como si hubiese sido producto de un parto, quedándose a girar alrededor de ella para siempre. Con modernas técnicas, los tres cuerpos celestes han permitido que se les determine su edad geológica, la cual ha sido fechada para la Tierra y la Luna de 4500 millones de años. Esto se ha determinado con material traído de la Luna por los hombres que pudieron pisarla, de aquellos transportados en 17 misiones a la Luna que se llevaron a cabo entre 1964 y 1972 por la NASA. Esto permitió fechar la edad de la Luna y fechada ya la Tierra se demostró el origen similar de nuestro Sistema Solar y su contemporaneidad. Un Sol con una temperatura superficial de 5600 grados centígrados y una Luna con temperaturas superficiales, de día en promedio 107° C y de noche -153° C, lo que hace imposible la vida humana sin protecciones especiales, esto contradice las pretensiones del Gran Mormón Joseph Smith, fundador de La Iglesia de Jesucristo de los Santos de los Últimos Días, quien en el Siglo XIX predicaba que él había sido elegido por Dios para ir a evangelizar a los habitantes de la Luna, ya que estaba convencido de que se encontraba poblada. Brigham Young, discípulo de Joseph Smith posteriormente se proclamó ser el elegido para ir a evangelizar a los habitantes del Sol. Sobre el Sol no puede ser posible la vida humana, pero sin el Sol tampoco sería posible la vida en la tierra. Cualquier concepto extravagante puede ser bueno para la mercadotecnia y para atraer clientes nuevos, perdón, feligreses. Aún con doscientos años de la Ley de Tolerancia religiosa, los norteamericanos no toleraron a Joseph Smith, lo encarcelaron y lo lincharon, por proclamar la existencia de profetas vivientes y promover la poligamia, hoy en el 2006, siguen los mormones promoviendo la poligamia utilizando a sus niños, haciéndolos marchar por las calles de los Estados Unidos escudándose en ellos de forma cobarde y no son pocas las mujeres jóvenes que han escapado tratando de librarse de la imposición a la que se ven sometidas desde muy pequeñas.

Bajo sus propios conceptos, aferrados a ellos y al capricho de sus dirigentes, llamados elegidos de Dios, se han manejado las religiones, cargadas de intolerancia al grado de llegar a la conspiración, a la persecución y al asesinato, con tal de mantener el control y la vigencia de sus creencias, violentando los derechos de los hombres y violando sus propios mandamientos. Y se atrevieron a llamarle "Santo Oficio", cuando la misión estaba llena de demonios, formada por papas, sacerdotes y funcionarios, que más que castigar la herejía, más que despojar del demonio de que decían la gente estaba poseída, la despojaron de todos sus bienes materiales para fortalecer a la ¿Santa Iglesia Católica? Santa Iglesia Caótica del momento.

Estando a 5,000 millones de años, continuando en nuestro viaje migrante, 500 millones de años le tomó estabilizarse a nuestro sistema solar y otros 500 millones el estabilizarse a nuestro planeta para la formación de una atmósfera terrestre que facilitara las condiciones necesarias para la aparición de la vida. Ahora nos encontramos a 4,000 millones de años y han comenzado a interaccionar los elementos químicos terrestres, condiciones climáticas y diferentes radiaciones; esta experimentación divino-terrestre se lleva 500 millones de años, al llegar al tiempo de 3,500 millones de años ¡Sorpresa! ¡Sorpresa!, se han formado las bacterias, las cianobacterias que viven en un ambiente sin oxígeno y a temperaturas muy elevadas, con una maquinaria molecular rudimentaria que la hace capaz de moverse, de buscar alimento o parasita para alimentarse (aunque en un principio no había a quien parasitar) y de reproducirse, por un pequeño trozo de material genético que poseen. En el siguiente paso tenemos que esperar 1,700 millones de años esta vez, y encontrándonos a 1,800 millones de años sucede ¡EL MILAGRO! Después de 1,700 millones de años de experimentos terrestres, de los millones 3,500 a 1,800, se consiguen las primeras Células Eucariotas, células capaces de moverse, de alimentarse, de reproducirse teniendo una descendencia genéticamente igual o diferente por mutaciones, sobretodo en aquel ambiente rico en radiaciones ionizantes, pero mucho más estables que las bacterias, lo que garantiza la perpetuación de la especie y la posibilidad de nuevas especies, debida a la formación de una membrana especial que protege el material genético propio de cada célula. En el tiempo 1800 millones podríamos considerar el inicio de la verdadera Creación humana. Eso somos nosotros, la combinación sistemática de 100 billones de CELULAS EUCARIOTAS. En los siguientes millones de años, para ser más exactos 1,200 millones de años se perfecciona la maquinaria genética molecular permitiendo la asociación celular y la aparición de los primeros invertebrados que aparecieron en los mares de la tierra, ahora nos encontramos a 500 millones de años y le han llamado el período Ordovícico; otros 50 millones de años tienen que pasar para que aparezcan las primeras plantas terrestres, ahora nos encontramos a 450 millones de años en el período Silúrico; ya tenemos peces y helechos gigantes, 50 millones más, ahora estamos en el período Devónico a 400 millones de años; se han agregado insectos, anfibios y hay exuberantes bosques, han pasado otros 50 millones de años y estamos en el período Carbonífero a 350 millones de años, esos exuberantes bosques hoy son las betas de carbón que se encuentran por todo el mundo; en los siguientes 50 millones se dan fuertes glaciaciones que provocan la extinción del 90 % de la vida terrestre, estamos en el período Pérmico a 300 millones de años, en este período y el anterior la tierra se ha estado reacomodando dando lugar a los continentes; aparecen los mamíferos entre ellos los Dinosaurios, tomando 50 millones más, ahora estamos a 250 millones de años; los próximos 50 millones de años son dominados por los Dinosaurios, además de aparecer las aves, ahora estamos en el período Jurásico a 200 millones años, este es un periodo muy importante para la humanidad de hoy, ya que gracias a ellos hoy tenemos los enormes yacimientos de petróleo distribuidos por todo el mundo, yacimientos que hoy son principal motor del mundo, moviéndolo hacia el desarrollo, pero también hacia la guerra, y haciendo que el país más poderoso ¿Poderoso? del mundo EUA se halla apoderado o tenga una fuerte influencia en los sitios de mayores reservas de hidrocarburos del mundo, para el día de mañana manejarlos a su antojo y a los precios que ellos quieran. Dando el siguiente paso, 50 millones de años más, ahora nos encontramos a 150 millones de años, la alimentación no es suficiente para los dinosaurios y la supuesta aparición de un gran meteorito extingue a los dinosaurios en el período Cretácico, la Tierra se sigue reacomodando y se separan los continentes, como hoy se encuentran aunque con diferente geografía. Avanzamos ahora 85 millones de años y nos encontramos a 65 millones de años, el PALEOCENO del período terciario, el más temido por los conservadores de hoy, porque en este periodo aparecen.... ¡Buuuuuuu! LOS PRIMATES, esos seres que algunos estudiosos dicen que son nuestros antepasados. En los siguientes 63 millones de años transcurre el Eoceno, Mioceno y Plioceno todavía del período terciario, en el que aparecen y evolucionan la mayoría de los mamíferos que hoy conocemos, aparecen los antepasados de las aves modernas, aparecen nuevas plantas y siguen evolucionando. LOS PRIMATES ESTAN EVOLUCIONANDO.

Llegamos a la vida reciente dicen los geólogos, estamos en la Era Cenozoica, período cuaternario, época del Pleistoceno a 2 millones de años, con las glaciaciones se han extinguido mamíferos de gran tamaño y los PRIMATES que llevan 63 millones evolucionando han generado varias familias entre ellas un grupo llamado homínido compuesto por mamíferos que caminan en dos patas, el Australopithecus erectus de los que se han encontrado fósiles en Tanzania y que se calcula tenían una capacidad cerebral de 500 centímetros cúbicos. A 1.5

millones de años alcanzó a cohabitar el Australopithecus erectus y el Australopithecus habilis con la misma capacidad craneana de 500 centímetros cúbicos y localizado también en África. Al llegar a 1 millón y hasta 500,000 años a.c. aparece el Homo erectus, con una capacidad craneana de 750 centímetros cúbicos y este ya se desplaza por África, Europa y Asia. De 500,000 años hasta 300,000 años a.c. aparece el Homo sapiens, el Neandertal en Alemania, el CroMagnon en Francia, con una capacidad craneana de 1,200 centímetros cúbicos. Y finalmente hace 40,000 años al final del Pleistoceno y comienzos del Holoceno y también final de la última edad del hielo aparece el Homo sapiens sapiens, que es el prototipo del hombre actual, con una capacidad craneana de 1,400 centímetros cúbicos, y que es el que ha protagonizado los cambios más importantes de los últimos 10,000 años, en la organización social y económica de las civilizaciones que existen hasta nuestros días.

El viaje por estos 15,000 millones de años donde aparece el Universo y el Hombre, hoy es puesto en duda por millones de personas, y en los últimos 2,000 años de la era Cristiana, mucha gente ha sido sojuzgada y hasta sentenciada a morir en la hoguera por no limitarse a las enseñanzas cristianas. Hoy en el 2006 una corriente neofascista de la derecha italiana dirigida por Pietro Cerillo, se pronuncian por que se enseñe en las escuelas la Teoría Creacionista y se borre de los libros de texto la

Teoría Evolucionista de Darwin. Todo mi respeto para la Libertad de Expresión y cada quien puede pensar y creer lo que quiera, pero es obligación de todo ser humano que sepa que 2 + 2 es igual a cuatro, que lo diga. Y fueron los mismos romanos los que no creyeron en Jesús y los que lo mataron, y los que después usurparon su Doctrina para llevarla a todo el mundo ¡Ah! Pero a un costo, tomaron la Biblia, la mal aprendieron y hoy cobran por evangelizar al mundo, y aquella humildad y sencillez de Jesús, la entendieron como ostentación y prepotencia, la evangelización se hizo negociación, hoy es esa la forma como se aprecia la Iglesia Católica romana de casi todo el mundo y en casi todo el mundo.

Juan Pablo II fue una de las personas más sabias de los Homo sapiens sapiens que han existido y sin comprometerse en 1996 afirmó, el Evolucionismo es mucho más que una mera hipótesis, el papa Juan Pablo II también se reservó como un día lo hizo Copérnico. La Iglesia Católica por siempre ha tenido en sus filas a los Homo sapiens sapiens más sabios de la Historia, por varias razones: por tener el control de toda la información, fuera común o secreta, por tener su gente siempre el tiempo disponible para prepararse y por tener lo recursos económicos sobrados para dichos fines. Estos Homo sapiens sapiens deben de buscar la adecuación de la Iglesia con los tiempos, por el camino de la concordia y de las necesidades de la gente, que hoy principalmente no son espirituales. La gran acumulación de riquezas que hizo la Iglesia Católica a través de 1000 años de evangeo-negociaciones por el mundo, despojos, rentas, usuras y ayudando a el capitalista a acumular su riqueza a costa del pobre, *ESA NO ES NI DEBE SER LA LABOR DE LA IGLESIA.*

Se reparte la palabra ¡Pero también se reparte el pan!.

Las riquezas están mal dirigidas, cuando se envían a llenar las manos de unos habiendo tantas bocas hambrientas.

Hoy la Iglesia debe de llevar pan a todo al mundo y llevarlo con ganas, porque por más de 1000 años la gente dio el diezmo que era obligatorio y lo dio de buena voluntad y llenó las arcas de la Iglesia, hoy le toca a la Iglesia aunque sea llenar las arcadas de la boca y mitigar el hambre que aqueja a más de la mitad del planeta.

Danos hoy nuestro pan de cada día.

La Máxima de la Iglesia, hoy ¿Quién la va a hacer cumplir?, hoy se ven altos jerarcas de la Iglesia llevando una vida ostentosa y han cambiado el bastón de Jesús por lujosos autos, la túnica y sus huaraches por ropas y zapatos de diseñador. *ESA NO ERA NI LA VIDA, NI LA DOCTRINA DE JESUS.*

Fue una gran sorpresa para nosotros, encontrarnos durante la realización de éste libro, trabajo o investigación; un libro religioso llamado "La Biblia Latinoamericana", edición del Jubileo 2000, donde dedica 3 de sus 1400 hojas a los hechos ocurridos antes de los primeros registros de la Biblia. Sitúa el inicio de la Creación, con la gran explosión del Big Bang 20,000 millones de años antes de nuestra era, habla de posibles seres vivos existentes varios millones de años antes del hombre actual y una posible evolución de plantas y animales. Solo los siglos podrán ser testigos de las adecuaciones que las religiones tendrán que hacer a sus dogmas si quieren perdurar a través del tiempo.

Capítulo 2

HOMO SAPIENS ESPALDAS FRÍAS

Tomemos ya una referencia de tiempo con la aparición de Jesucristo y regresemos 100,000 años a.C., cuando la única superficie poblada de la tierra era el continente africano y se daba la primera migración de Homo sapiens rumbo a la India, Indonesia y Australia. 50,000 años después, esto es, hace 50,000 años a.C., se da una segunda migración hacia el Asia oriental, la India y Kazajstán, esto coincide con notorio aumento en la población en los lugares donde llegó la segunda migración.

Alec Knighty y Peter Underhill, haciendo estudios de ADN en una tribu del desierto del Kalahari y otras tribus de Tanzania, encontraron que son descendientes de los primeros pobladores de nuestro Planeta, esta tribu son los

BOSQUIMANOS, actualmente todavía existen 100,000 de ellos en África.

Se cree que fueron parte de los Bosquimanos los que emigraron al continente asiático hace 50,000 años a.C. en tres direcciones; hacia Asia oriental, la India y Kazajstán. De la migración de Kazajstán se originaron los pueblos de Europa y los pueblos de América.

De la migración de Kazajstán parte de ella se dirigió a la península de Chukchi en Siberia a finales del cuaternario, en el último período glacial hace 30,000 años a.C., abriéndose un corredor que unió a Asia con América llamado Beringia, que por efecto del último período glacial que comenzó hace 120,000 años y terminó hace 10,000 años y que cubrió un 30% de la superficie terrestre (actualmente sólo se encuentra cubierta un 10% de la superficie terrestre) bajó el nivel de los mares entre 50 y 100 metros, y el mar del estrecho de Bering, estrecho al que se le dio el nombre por el danés Vitus Bering en 1728, es un mar de poca profundidad que no supera los 30 metros, por lo que Beringia estuvo descubierta desde 30,000 años a.C. o probablemente mucho antes, ya que la glaciación había comenzado 120,000 años a.C. y se cerró al terminar la glaciación, o sea, 10,000 años a. C. Lo que permitió que muchos grupos de Homo Sapiens y tal vez Homo sapiens sapiens y grandes manadas de animales cruzaran hacia América por Beringia que no medía más de 80 kilómetros, entre la península de Chukchi Rusia y Alaska.

Aztlán, Origen y Destino

Se ha encontrado gran similitud en las características físicas de los pobladores del este de Asia con los nuevos habitantes de América, como los indios de Norteamérica, olmecas, los toltecas y los mayas. Por ejemplo presentaban: pelo negro, grueso, lacio y resistente; poco vello en el rostro y el cuerpo; pómulos salientes; nariz pequeña y achatada; ojos negros, alargados y oblicuos; dientes incisivos en forma de pala. La forma del cráneo si es variable, por ejemplo: los chinos del norte son dolicocéfalos y los del sur braquicéfalos; los indios de América del norte son dolicocéfalos y los olmecas, toltecas y mayas eran braquicéfalos.

Se han descubierto varios asentamientos en Yuan Canadá de utensilios de huesos fechados en 22,000 años a.C., en el Valle de Anáhuac en México se encontraron restos de hogueras con una edad de 21,000 años a.C., en Alaska: de 13,000 años a.C. en Bluefish, de 9,000 años a.C. en Dry Creek y de 8,000 años a.C. en Akmak.

Beringia permaneció abierta y descubierta cuando menos 20,000 años, todo este tiempo estuvieron cruzando grupos de Homo sapiens y animales dirigiéndose en todas direcciones al cruzar hacia América. Los grupos que cruzaron eran grupos de aproximadamente 100 integrantes que se dirigieron hacia el Ártico, vivieron de la caza y la pesca y por lo mismo se desarrollaron poco por las condiciones extremas del Ártico, otros grupos caminaron hacia el norte de Canadá y otros más se fueron hacia el centro y sur de Norteamérica.

En el paso de la última época del Pleistoceno al Holoceno 10,000 años a.C. se comienza a calentar el planeta lo que provoca que el hielo se empiece a derretir permitiendo que las tribus se desplazaran hacia el sur siguiendo las costas de Alaska o por el corredor que se abre desde el Yukón hasta Montana para llegar a las grandes praderas del centro de lo que hoy es Estados Unidos, donde encontraron grandes manadas de animales y exuberantes bosque y praderas adecuadas para la recolección.

Fue por Beringia por donde llegaron los primeros indocumentados ilegales a América o espaldas mojadas, como se les acostumbra decir a los mexicanos que se cruzan el río bravo hacia los Estados Unidos. Aquellos primeros hombres que llegaron a América al cruzar Beringia debieron traer las espaldas muy frías y en las riberas del Lago Salado de Utah fue uno de los lugares donde más grupos llegaron y se establecieron y posteriormente de ahí migraron hacia todo Estados Unidos y México todos los grupos de indígenas que se han conocido a través de la historia antigua de América.

Capítulo 3

RUTA: UTAH-AZTLÁN-CHICOMOZTÓC-TENOCHTITLÁN

PROFECÍA DE HUITZILOPÓCHTLI

"Los haré señores, reyes de cuanto hay por doquiera en el mundo, y cuando seáis reyes, tendréis allá innumerables e infinitos vasallos que os pagarán tributo..."

Las tribus que bajaron, crecieron y se asentaron en las orillas del Lago Salado de Utah, fueron los Shoshones, Utes, Payutes y Goshutes, estos grupos fueron quienes formaron la Cultura Anasazi que seguía viviendo todavía 700 años a.C. alrededor del Lago Salado y de dicha cultura descienden muchas tribus entre ellas los Utes, Navajos, Apaches, Sioux y Taos que en 1540 se enfrentaran con los españoles por la defensa de sus territorios.

La localización de Aztlán y el origen de los Aztecas empieza a salir de la mitología y de las leyendas, gracias a los trabajos de los lingüistas que han encontrado el mismo origen y una gran similitud entre la lengua de los Aztecas, la lengua Náhuatl, con la lengua de los Utes y de los Payutes tribus asentadas en las riveras del Lago Salado de Utah. Por lo que los Aztecas deben ser considerados descendientes de la Cultura Anasazi y hermanos de los Utes, Payutes, Navajos, Apaches, Sioux y Taos, tribus caracterizadas por aguerridas, características que compartieron los Aztecas, además de la similitud de sus lenguas.

Entre los años 1000 y 1250 años d.C. la parte septentrional de América sufrió severas sequías, quedando abandonados muchos campos y poblados. Esto coincide con los tiempos de la Migración Azteca que parte del lugar que ellos habían llamado Aztlán y que es de donde toman el nombre de Azteca, enviados por su Dios principal Mexitli o Huitzilopóchtli, (es Mexitli quien da origen al nombre de México, que quiere decir lugar donde habita Mextli o Huitzilopóchtli). Varios grupos debieron salir de la región alrededor del Lago Salado, esos grupos migraron hacia el sur buscando mejores condiciones de vida y dejando las desérticas tierras de Utah y se encaminaron por los acantilados rocosos de Nuevo México, instalándose posteriormente en cuevas donde dejaron huellas en el sitio que hoy es llamado Chicomoztóc (lugar de las siete bocas o siete cuevas). Por ese mismo lugar ya habían pasado otras tribus antes que los Aztecas como: los Acolhúas, los Culhúas, los Tepanecas, los Tlatepozcas, los Chalcas y los Talhuicas, estas 6 tribus que se le adelantaron a los Aztecas también llegaron hasta el Valle de México, eran tribus muy aguerridas, hablaban náhuatl y con algunas de ellas combatieron a su llegada los Aztecas. Por fuentes cronológicas indígenas recogidas por los españoles, los Aztecas estuvieron en Chicomoztóc en el año 1168 d.C. o probablemente 1160 d.C. que es el año que coincide con los 165 años que duro la peregrinación que los llevó hasta el valle de México donde fundaron Tenochtitlán el 18 de julio de 1325.

Mextli (hijo del maguey), su Dios de la guerra y del Sol, les ordenó marcharse en busca del lugar donde fundarían su ciudad, en ese lugar debería de haber *"un águila posada en un nopal devorando una serpiente"*. Atravesaron Nuevo México, pasaron por Arizona cruzaron por la confluencia del río Guila y del río Colorado, en éste lugar quedaron muchos vestigios por lo que en un tiempo se pensó que ahí se localizaba Aztlán, continuaron su viaje por Sonora, Chihuahua, Sinaloa, Durango, Zacatecas, Nayarit; Nayarit es otro lugar donde se han encontrado muchos vestigios de la cultura Azteca, motivo por el cual también se pensó por mucho tiempo que ahí se encontraba Aztlán y hoy en día un municipio de ese Estado lleva el nombre de Aztlán, continuaron su viaje por Jalisco, Aguascalientes, Guanajuato, Michoacán, Estado de México y concluyeron entrando al valle de México en el año 1215. En ese momento inicia la historia de los Mexicas o Aztecas, en la tierra a la que más tarde darían su nombre.

Tenoch fue el último guía que los condujo hasta el Valle de México y en honor a él, la nueva ciudad que se construiría, tendría el nombre de Tenochtitlán.

Los Tenochcas, Mexicas o Aztecas son la séptima tribu nahuatlaca que arribó al Valle de México cuando todas las tierras que rodeaban al Lago de México estaban casi totalmente ocupadas por tribus de inmigrantes provenientes de diferentes regiones que destruyeron el imperio Tolteca y se establecieron sobre sus ruinas, todas esas tribus habían llegado de Chicomoztóc. Aquellos pueblos eran gobernados por el señor de Azcapotzalco, el emperador Tezozómoc. Los Aztecas se establecieron en el cerro de Chapultepec en el año 1276 con el permiso del emperador Tezozómoc. Pero poco después pierden una terrible batalla haciéndolos prisioneros el reino de Culhuacán, quienes les dan tierras cerca de Tizapán, lugar salitroso, pedregoso e infestado por serpientes, con la esperanza de que se fueran lejos de ahí. Pero los Aztecas eran excelentes cazadores de serpientes y gustaban de comer su carne, por lo que pronto lo hicieron un lugar habitable y cultivable. De Tizapán, se fueron a

Aztlán, Origen y Destino

Iztapalapa y de ahí a un islote pantanoso que a nadie le interesaba, y es ahí donde encuentran *"El águila posada en un nopal devorando una serpiente"*, esto sucede el 18 de julio de 1325 y deciden levantar ahí la Gran Ciudad de Tenochtitlán. Le ganan terreno al lago clavando troncos en la profundidad, uniéndolos con cañas y ramas, cubriendo posteriormente con tierra y encima de ésta le colocaron una capa de lodo del fondo del lago, lo que hizo aquellas tierras muy fértiles y finalmente se plantaron sauces alrededor de las chinampas para evitar la erosión del suelo, de esta manera construyeron un gran número de islas artificiales comunicadas por canales y puentes, una gran ciudad al estilo de Venecia. En estas chinampas se cultivaba maíz, chile, frijol, jitomate, aguacate, cacahuate, calabaza, amaranto, chía, chayote y camote.

Capítulo 4

REAL EL MITO DE AZTLÁN

El legendario y mítico Aztlán que quiere decir "tierras blancas", como eran gran parte de las tierras de Utah, hoy pasa de la leyenda a la realidad y a localizarse dentro de los terrenos que ocupaban las tribus Utes y Payutes en los alrededores del Lago Salado de Utah en los Estados Unidos. Tribus que según registros todavía habitaban esos lugares 750 años a.c., y de donde salieron también las primeras tribus que poblaron territorio mexicano, aproximadamente 3000 años a.C. y también las seis tribus nahuatlacas que llegaron antes que los Aztecas al Valle de México: Acolhúas, Culhúas, Tepanecas, Tlatepozcas, Chalcas y Talhuicas. Todas hablaban la lengua náhuatl y también pasaron como los Aztecas por Chicomoztóc sitio perdido en los acantilados rocosos de Nuevo México.

Los Aztecas estaban muy orgullosos de originarse de uno de los lugares más sagrados del planeta, ese lugar era Aztlán, *"lugar donde el hombre puede tener contacto en todo momento con los dioses"*. Algo debe de tener ese lugar y no es casualidad que a ese mismo lugar hayan llegado los Mormones a establecerse, una de las religiones más importantes de los Estados Unidos y que crece rápidamente por el mundo.

Por el año 1039 Hutzíton o Huitzílton, quien era un sacerdote jefe de Aztlán, dadas las duras condiciones climáticas que imperaban en el sagrado lugar, ordenó salir a su pueblo en peregrinación y buscar la nueva Tierra Sagrada donde fundarían una gran ciudad, la más grande del Universo. Estas fechas coinciden con el tiempo en que las zonas septentrionales de América cruzaban por duras sequías y las tierras se estaban desertificando por las drásticas condiciones del clima.

Hutzíton o Huitzílton murió en el año 1116 d.C., posterior a su muerte fue divinizado y llamado Huitzilopóchtli, Mextli o Mexi, derivando de este dios el nombre de nuestro país y nuestro gentilicio. También ordena Huitzilopóchtli que posterior a su muerte, el pueblo Azteca de Aztlán fuera llamado Mexica o Mexicano. Pero el pueblo Azteca, mantuvo su nombre hasta la llegada de los españoles en que cae en una profunda confusión y en el más salvaje exterminio. Así vivimos 300 años sin identidad propia, hasta después de 1821 cuando consumada la independencia vuelve a formarse el Imperio Mexicano, dándonos nuevamente una identidad.

A la muerte de Hutzilopóchtli se inicio la peregrinación ordenada y sus restos acompañaron la procesión pasando por Chicomoztóc en el año 1160, llegando al Valle de México en el año 1215, concluyendo su viaje al llegar al lugar vaticinado por Mexi el 18 de julio de 1325, fundándose la Nueva Ciudad Sagrada a la que llamaron Tenochtitlán, en honor al último sacerdote Azteca que guió a la tribu hasta ese lugar, quien tenía el nombre de Tenoch. En la Nueva Ciudad Sagrada construyeron el Templo Mayor en honor a Huitzilopóchtli y ahí mismo depositaron sus restos. Este Templo más tarde lo compartió con Tláloc el dios del agua y con Quetzalcóatl dios de la sabiduría, dios que adoptaron los Aztecas de la cultura Tolteca, extinguida un poco antes de que llegaran los Aztecas al Valle de México.

Los Aztecas se mantuvieron unidos espiritualmente al lugar donde se habían quedado sus raíces y todo el tiempo que existieron mantuvieron viva la ilusión de algún día regresar a donde se encontraban las raíces de sus antepasados. Sabían que Aztlán se encontraba muy lejos al norte del Valle de Anáhuac. Sin embargo, se habían realizado una multitud de largos viajes de exploración sin el menor éxito y sin la menor esperanza de encontrarlo.

Uno de los viajes más importantes fue el que realizó el

sacerdote Tlacaélel, portador del emblema sagrado, quien reunió a varios hombres y nombró como comandante al joven guerrero con grado de Caballero Tigre Tlecatzin, para la expedición que se organizara para ir en busca de la Ciudad Sagrada de Aztlán. Se reunieron las provisiones necesarias para un viaje muy largo, se hicieron los preparativos y se realizaron ceremonias religiosas que favorecieran la expedición y que los dioses cuidaran de los expedicionarios. Con todas las condiciones a favor y los arreglos pertinentes, se emprendió el viaje y en unas cuantas semanas se llegó a los límites del imperio. A su paso por las comunidades en su dominio se abastecieron de provisiones varias veces. Por fin se inició el viaje por lugares desconocidos, aunque los Aztecas sí eran conocidos más allá de sus dominios, por tal motivo nunca fueron atacados porque se conocía la fuerza de sus guerreros. Todavía en estos lugares pudieron conseguir provisiones, pero pronto llegaron a zonas áridas y despobladas, con climas extremosos donde se tuvieron que valer de sus habilidades para poder conseguir las provisiones necesarias para continuar con el viaje al entrar a campos inhóspitos y desérticos. Llegaron a lugares donde empezaron a tener ataques de tribus bárbaras, batallas de las que salieron victoriosos. Finalmente llegan a un albergue donde pudieron descansar y recuperarse de tan agobiante viaje. Después de atravesar tantas tierras, tantos ríos y tantas peripecias, Tlacaélel pensó que la Ciudad Sagrada de

Aztlán había desaparecido. Pero a pesar de los resultados negativos que les dieran vestigios de su existencia o de su desaparición, continuaron el viaje con el fin de cumplir la misión encomendada. Días después llegaron a una población la cual encontraron devastada; seguramente alguna tribu bárbara había matado a todos los hombres, mujeres y niños, y saqueado la ciudad. Se detuvieron para dar sepultura a los cuerpos que yacían sobre el suelo y rescatar las pocas provisiones que habían dejado los saqueadores. Durante las tareas de saneamiento del lugar, se encontraron con una niña, que presa del miedo trato de huir, pero fue atrapada y llevada con Tlacaélel, quien la tranquilizó y ganó su confianza. Aunque hablaba una lengua diferente, la niña los condujo a una cueva muy grande y con múltiples pasillos, donde después de varios días de exploración de la cueva, en una de sus salas encuentran un sinnúmero de jeroglíficos detalladamente esculpidos a manera de código.

Tlacaélel y Tlecatzin, tenían la formación y los conocimientos necesarios para descifrar aquellos símbolos impresos con gran maestría. Al ir descifrando los jeroglíficos, Tlacaélel se sorprende al darse cuenta que aquella narración era la propia historia de Aztlán. Descifrados los códigos son copiados y se planea el viaje de retorno, con la confirmación de la existencia de la Ciudad Sagrada de Aztlán y la idea de que los astros marcaron el destino de su desaparición. Con los códigos y la niña, a la que llamaron Macuilxochitl, emprendieron el viaje de retorno y en el camino de regreso a Tenochtitlán, se encontraron con los hombres de una segunda expedición que se había enviado en busca de la primera con el fin de apoyarla y continuar con la misión de buscar la Ciudad Sagrada de Aztlán. Pero con la información de la primera expedición, decidieron regresar juntas a la Nueva Ciudad Sagrada de Tenochtitlán.

Más de 30 lugares se han disputado ser el sitio de origen de los Aztecas, la Ciudad Sagrada de Aztlán, Lugares como: Nuevo México, Arizona, Sonora, Chihuahua, Sinaloa, Durango, Zacatecas, Jalisco, Aguascalientes, Michoacán, Guanajuato, Estado de México y Ciudad de México. Pero solo el Lago Salado de Utah cuenta con los requisitos para ser la Ciudad Sagrada de Aztlán, origen de varias tribus con lenguas parecidas, tierras blancas en los alrededores, lugar que paso por drásticas condiciones climáticas en el tiempo en que se dieron las migraciones del norte al sur, suficientemente alejado para que un viaje pudiera durar más de 165 años para llegar a la tierra prometida de Tenochtitlán.

Así quedaron unidos dos sitios estratégicos para el desarrollo de las civilizaciones, el Lago Salado de Utah y el Lago de Anáhuac en el Valle de México, el primero como el sitio que ubica, localiza e identifica a la ciudad perdida de Aztlán, sitio confirmado por los hallazgos que se han dado a lo largo de la ruta Aztlán –Tenochtitlán, hallazgos arqueológicos, etnológicos y lingüísticos. Evidencias que confirman el sitio de Aztlán por la similitud en las costumbres, las deidades, los rituales, las danzas, las ceremonias, tallados, pinturas, la cultura del maíz y lenguas yutoaztecas que dominaron entre las tribus. Todas estas evidencias se fueron quedando, dispersando y diferenciando durante su desplazamiento a través de la ruta Aztlán-Tenochtitlán desde el tercer milenio antes de Cristo.

Capítulo 5

AZTECAS, LA SÉPTIMA TRIBU NAHUATLACA

Huitzilopóchtli (Mexi, Mexitli) era el máximo sacerdote Azteca, a su muerte se decide buscar el lugar de la Profecía hecha por él mismo. Huitzilopóchtli muere en el año 1116 de nuestra era, por esos años se emprende la salida de Aztlán siendo divinizado y fueron cargados sus restos desde entonces hasta ser depositados en el templo Mayor construido en su honor en la Gran Tenochtitlán. La salida exacta de Aztlán no se conoce, pero se sabe que pasaron por Chicomoztóc en el año 1160, lo que concuerda con los siguientes 165 años de peregrinación y el cumplimiento de la profecía el 18 de julio de 1325. Tenoch uno de los sacerdotes superiores fue quien cumplió con la profecía, estando él al frente llegaron a aquella isla pantanosa del lago del Valle de México donde se encontró "*un águila sobre un nopal devorando una serpiente*", fue el último guía y en honor a él la ciudad de la profecía fue llamada Tenochtitlán. Tenoch murió en el año 1363, 38 años después de haber cumplido con la profecía.

Los Aztecas son la séptima tribu nahuatlaca que arribó al Valle de México en el año 1215 d.C. guiados por el sacerdote y caudillo Tenoch. Se establecieron en el cerro de Chapultepec en el año 1276 d.C. que era territorio de los Tepanecas de Azcapotzalco, asiento del gobierno de Tezozómoc señor de todos los pueblos que se encontraban alrededor del gran lago del Valle de México. Tiempo después los Aztecas tuvieron problemas con los Culhúas, esto motivo que Tezozómoc los reubicara mandándolos a Tizapán lugar pedregoso, salitroso e infestado de serpientes, con el fin de alejarlos lo más posible y con la esperanza de que se fueran a otras tierras lejos de sus dominios. Pero los Aztecas eran excelentes cazadores de serpientes y gustaban de comer su carne; también poseían gran habilidad y conocimientos para trabajar la tierra, por lo que pronto hicieron de Tizapán un lugar seguro para vivir, casi libre de serpientes y una de las tierras más fértiles de toda la región.

Tiempo después los Aztecas al mando de Tenoch pasan por diferentes lugares entre ellos Iztapalapa, Mexicalzingo y finalmente se establecen en una isla pantanosa que nadie quería y es en ese mismo lugar donde se cumple la profecía, por fin encuentran *"el águila posada en un nopal devorando una serpiente"*, algo para lo que los Aztecas también eran buenos, para devorar serpientes. Cumplida la profecía deberían de fundar en ese lugar la gran ciudad, a la que nombraron Gran Tenochtitlán.

La gran habilidad que tenían los Aztecas para preparar y cultivar la tierra ocasionó que las tribus cercanas los envidiaran por las variadas y abundantes cosechas que obtenían, por lo que constantemente eran hostigados. Pero los Aztecas también eran excelentes guerreros por lo que poco a poco se fueron imponiendo a las tribus de los alrededores.

El pueblo Azteca dentro de todas las culturas del mundo se puede distinguir por que en un lapso de tiempo relativamente corto, 100 años, extendió su imperio desde el centro de México hasta Centroamérica recogiendo tributo por lo menos de 30,000,000 de mexicanos que existían en tiempos en que la cultura Azteca tuvo contacto con los españoles. En ese tiempo la Gran Tenochtitlán era una gran metrópoli que contaba por lo menos con 100,000 habitantes, número de habitantes que no tenía ninguna ciudad de España, solo comparable con algunas ciudades de Europa como Paris en Francia y Venecia en Italia.

Había llegado el momento, en el año 1325 se cumplió la profecía. Se iniciaron los trabajos, se clavaron grandes troncos en lo profundo del lago, troncos que fueron unidos por ramas y cañas, cubriendo estos amarres con gruesas capas de tierra, se plantaron sauces estratégicamente alrededor de los terrenos ganados al lago para evitar la erosión, construyendo así una gran cantidad de islas llamadas chinampas. Entre las chinampas se desazolvaron grandes canales y con el lodo se cubrieron las chinampas lo cual sirvió como un gran fertilizante, en las chinampas se diseñaron grandes avenidas y entre chinampas se construyeron una gran cantidad de puentes fijos y removibles que podían aislar a la ciudad y protegerla de los ataques de otras tribus guerreras. Se construyó una gran cantidad de casas y se convirtió pronto en una importante metrópoli. Se construyeron majestuosos palacios para el emperador, para los Caballeros Águila y Caballeros Tigres. Finalmente en el lugar donde se cumplió la profecía se construyó el imponente Templo Mayor dedicado a Huitzilopóchtli y donde se depositaron sus restos mortales ya inmortales y divinizados que se venían cargando desde el año 1116 en que ocurrió su muerte, durante casi 300 años hasta que se construyó su recinto final.

Por una diferencia entre el sacerdote Tenoch y el sacerdote Atlacuahuitl, la tribu Azteca se dividió en dos partes yéndose una parte a otra isla llamada Tlatelolco, lo que dio lugar a que se formaran México-Tenochtitlán y México-Tlatelolco, convirtiéndose en pueblos rivales por mucho tiempo, pero finalmente se unieron para formar el Gran imperio Azteca.

Aztlán, Origen y Destino

Tezozómoc al ver el impresionante desarrollo que empezaba a tener el pueblo Azteca les exigió tributo, por ser dueño del Lago donde se habían establecido. Tratando de aminorar los tributos, el pueblo Azteca solicitó al señor de Culhuacán les proporcionara un familiar suyo para que los gobernara. El señor de Culhuacán les dio un nieto al que los Aztecas llamaron Acamapichtli, que quiere decir el que tiene el bastón de mando. Esto no gustó a Tezozómoc por lo que en vez de bajarles los tributos se los aumentó. Pero los Aztecas empezaron a mostrar sus destrezas en la guerra y Tezozómoc los empezó a utilizar para conquistar a aquellos pueblos que el no había podido dominar, por lo que poco a poco se fueron ganado su confianza.

Empezando con Acamapichtli como primer emperador, a él le sucedieron 10 emperadores Aztecas:

I   Acamapichtli (1377-1389) (12 años) El que tiene el bastón de mando.
II   Huitzilíhuitl (1390-1417) (27 años) Cola de colibrí.
III   Chimalpopoca (1418-1427) (9 años) Escudo que humea.
IV   Itzcóatl (1427-1440) (13 años) Serpiente de pedernal.
V   Moctezuma I Ilhuicamina (1440-1469) (29 años) Flechador del cielo.
VI   Axayácatl (1469-1481) (12 años) Cara en el agua.

VII   Tizoc (1481-1486) (5 años) Pierna enferma.
VIII   Ahuízotl (1486-1502) (16 años) Perro de agua.
IX   Moctezuma II Xocoyotzin (1502-1520) (18 años) Señor joven y ceñudo.
X   Cuitláhuac (1520) (9 meses) Cieno en el agua.
XI   Cuauhtémoc (1520-1521) Águila que cae.

Acamapichtli tuvo 20 esposas con las que procreo varios hijos, pero solo dos lo sucedieron; Huitzilíhuitl segundo emperador Azteca e Itzcóatl cuarto emperador Azteca. En sus doce años de reinado reemplazo todos los jacales de tule, cañas y jaras por casas de piedra, arena y cal. El INFONAVIT (Instituto que en México controla los fondos de los trabajadores para proporcionarles vivienda) debería revisar este periodo de Acamapichtli, que reconstruyó toda la ciudad de Tenochtitlán, con los materiales más modernos de la época: piedra, cal y arena, y hoy en el centro de la ciudad de México podemos encontrar en pie todavía algunas de las construcciones que levantó Acamapichtli hace 500 años, dotó de vivienda a todo el pueblo de Tenochtitlán y aquellas construcciones si no las hubieran derribado los españoles hoy seguirían en pie. Nada parecido a las casas desechables que hoy construye el INFONAVIT, diseñadas no para seres humanos que necesitan un espacio para vivir, cohabitar con su familia y descansar de las duras jornadas a las que son sometidos por un salario mínimo generalmente, sino diseñadas en forma de jaula, prisión o apando, hechas especialmente para reprimir todos los sueños y las ilusiones de los trabajadores, que también tienen, aunque el INFONAVIT no lo crea, y ese es el premio a su esfuerzo, a su explotación, regalar cuando menos 15 años de su vida para mantener a la burocracia del INFONAVIT contratada por un perverso patrón que le paga a la maldita burocracia para no permitir que les crezcan alas a los hombrecitos del apando, impedir que su cerebro pueda despertar o que sus ojos puedan mirar más allá de la primer cuadra de su colonia.

Huitzilíhuitl se casó con Ayauhciuatl, nieta de Tezozómoc lo que trajo un alivio en el cobro de tributos para el pueblo Azteca. En este período Tezozómoc utiliza la destreza guerrera de los Aztecas para vencer al pueblo de Texcoco, con lo que se convierte en el señor más poderoso de todo el Valle de México.

Chimalpopoca hijo de Huitzilíhuitl, bisnieto de Tezozómoc y nieto de Acamapichtli, luchó contra la tiranía de su propio bisabuelo Tezozómoc. En su periodo murió su bisabuelo Tezozómoc, quien dejó el trono a su hijo Teyatzin pero un medio hermano de Teyatzin, llamado Maxtla, que no quedó conforme con tal decisión de su padre, asesina a su medio hermano Teyatzin y Chimalpopoca sobrino de Teyatzin que lo apoyaba, es encarcelado por Maxtla y muere en la cárcel en 1427.

Itzcóatl hijo del primer emperador Acamapichtli, formó la llamada Triple Alianza con Texcoco y Tacuba, en la batalla mató al usurpador Maxtla en el año de 1433. A partir de este momento el pueblo Azteca toma más fuerza, siendo realmente independiente hasta la muerte del usurpador Maxtla. Es entonces que inicia la expansión de su imperio y se convierte en el pueblo más poderoso de la región centro y sur de México. En su periodo Itzcóatl mandó construir los templos de Cihuacóatl, de Huitzilopóchtli y la calzada del Tepeyac que daba justamente al cerro del Tepeyac donde se adoraba a la madre de todos los dioses, Tonantzin.

Moctezuma Ilhuicamina (Moctezuma I), hijo del segundo emperador Huitzilíhuitl vivió uno de los periodos más largos, 29 años, al frete del imperio Azteca. En su gobierno se presentaron terremotos, sequías y hambrunas, esto les hizo creer que los dioses requerían de más sacrificios humanos. Es en este período cuando se inicia el sacrificio a gran escala de prisioneros de guerra, los cuales son obtenidos de las llamadas Guerras Floridas que se daban entre los Aztecas y los Tlaxcaltecas, tribu a la que nunca pudieron dominar los Aztecas. Estas Guerras Floridas además de servirles para obtener prisioneros para los sacrificios humanos, las utilizaban para entrenar e ir formando a los nuevos guerreros Aztecas. Con el gobierno de Moctezuma I, el imperio Azteca se extendió hasta los estados de Puebla, Veracruz, Morelos, Guerrero y Oaxaca.

Axayácatl hijo de Moctezuma I, luchó contra los tlatelolcas venciéndolos y uniendo su territorio a Tenochtitán. En su periodo se elaboró el Calendario Azteca y murió Netzahualcóyotl señor de Texcoco y fiel aliado de los Aztecas, dejándole el trono a su hijo Netzahualpilli.

Tizoc hijo de Moctezuma I, hermano de Axayácatl y de Ahuízotl, durante su reinado organizó el primer sistema de correos, y finalizó la remodelación del Templo Mayor. A pesar de mantener un ejército muy activo el imperio no creció y Tizoc murio envenenado en 1486. Se cree que fue envenenado por familiares cercanos.

Ahuízotl hijo de Moctezuma I, es considerado el rey más cruel. Llevó a cabo la ampliación del Templo Mayor y para el festejo se sacrificaron 20,000 prisioneros de guerra capturados de guerras con los otomíes y masahuas.

Moctezuma II (Moctezuma Xocoyotzin) nieto de Moctezuma I, Nieto de Netzahualcóyotl e hijo de Axayácatl, en su reinado el imperio llegó hasta Panamá, por lo que llevó a cabo una reestructuración de la administración pública debido a la gran cantidad de contribuyentes con que contaba ya el imperio. A Moctezuma II le tocó recibir a los primeros españoles en el año 1518.

Cuitlahuac hijo de Axayácatl y hermano de Moctezuma II, se caracterizó por ser un gran guerrero, que nunca estuvo de acuerdo en recibir amablemente a los invasores españoles, como lo hizo su hermano Moctezuma II. Cuitláhuac dirigió la batalla llamada de la Noche Triste donde los Aztecas capturaron una gran cantidad de prisioneros españoles y chichimecas, que fueron sacrificados en su coronación. El reinado de Cuitláhuac fue el más corto, durando sólo 9 meses debido a la muerte temprana de Cuitláhuac a causa de la viruela, enfermedad que trajeron los españoles a América.

Cuauhtémoc hijo de Ahuízotl y nieto de Moctezuma I. Era señor de Tlatelolco que tomó posesión del trono a la muerte de su tío Cuitláhuac. En su coronación solo hubo unos cuantos sacrificios de prisioneros hechos en la batalla de la Noche Triste. Perdió la batalla del 13 de Agosto de 1521 contra la alianza Tlaxcalteca-Española. Cuauhtémoc es capturado y salvajemente torturado, como era la costumbre española, tratando de que les dijera donde estaba escondido el tesoro de Moctezuma. Finalmente es asesinado en la horca el 28 de febrero de 1525.

Los Olmecas, los Teotihuacanos y los Toltecas, fueron tres de las más grandes culturas mexicanas que precedieron a los Aztecas. De ellas tomaron los Aztecas parte de sus enseñanzas, de sus costumbres y de sus dioses. La cultura Tolteca fue la más admirada de las tres por el pueblo Azteca tomando a Quetzalcóatl como dios suyo. Quetzalcóatl fue el cuarto emperador Tolteca que gobernó Tollan (Tula) en el año 925 de nuestra era por un período de 19 años, viviendo la época de oro el pueblo Tolteca durante su reinado, enseñó a su pueblo conocimientos de agricultura, medicina, astronomía, metalurgia en oro, plata y cobre, creó el calendario ritual, inventó la escritura, impulsó todas las artes y llenó de templos y palacios la ciudad de Tula. Quetzalcóatl era un hombre blanco, alto y barbado, esto nos lleva a pensar que era un indígena albino, hijo de un vikingo o un vikingo perdido de las expediciones a América anteriores a Cristóbal Colón. Hasta el gobierno de Quetzalcóatl no existían los sacrificios humanos en honor de los dioses. Al final de su vida Quetzalcóatl tuvo diferencias con Huemac, sacerdote, caudillo militar y partidario del dios Tezcatlipoca, dios de la guerra, inclinándose el pueblo por Huemac, esto hizo que Quetzalcóatl abandonara la ciudad para siempre. Pero antes de irse hizo una profecía, **"que volvería un día con sus hermanos blancos y barbados"**. Después de la desaparición de Quetzalcóatl, con el tiempo, fue hecho uno de sus dioses y adoptado por los Aztecas cuando estos se mezclaron con las demás tribus del Valle de México. Por esa razón, cuando Moctezuma II recibe informes de los primeros españoles que llegan a las costas de Veracruz en 1518 y que eran blancos y barbados, Moctezuma II cree que se trata de los hermanos de Quetzalcóatl y cree que las intenciones de aquellos hombres son buenas como las de aquel Quetzalcóatl que con su corazón y sus conocimientos construyó una de las culturas más importantes del México antiguo, los Toltecas. Por tal motivo, los españoles fueron recibidos con una multitud de regalos que sólo sirvieron para despertar su codicia. Cuitláhuac nunca fue de la idea de su hermano Moctezuma II, y desde un principio los combatió pero fue arrestado por los españoles que ya empezaban a imponerse sobre Moctezuma II. El arresto de Cuitláhuac hizo que el pueblo Azteca se revelara y Cortés, que ya estaba presente en Tenochtitlán, pide a Moctezuma II calme los ánimos de su pueblo. Pero al ver la muchedumbre el cambio de actitud de aquel Moctezuma II firme, fuerte, imponente y algunas veces hasta prepotente, por la de un Moctezuma II doblegado, débil y sumiso, la gente lo abuchea y lo apedrea dándole una piedra en la cabeza por la que muere dos días después.

El pueblo Azteca siempre estuvo convencido del poder profético de su máximo guía espiritual Huitzilopóchtli, quien los condujo hasta Tenochtitlán y quien los escogió entre muchos pueblos que partieron de Aztlán, como los elegidos.

Con Huemac emperador Tolteca se inician los sacrificios humanos en el pueblo Tolteca, los Aztecas que toman muchas de las costumbres Toltecas se sienten con la responsabilidad de mantener vivo a su dios el Sol, temen el que no salga para el día de mañana y termine la vida sobre la tierra y lo consideran su aliado en las guerras y su fuerza para las batallas. Esto los llevó a creer que la sangre humana era su alimento y que era el único alimento, porque así como los hombres y los animales formados de sangre no podíamos vivir sin ella, lo creían así del Sol; más sangre humana le daría más vida. Hoy para nosotros no es la mejor justificación de este cruel ritual Azteca, el pueblo Azteca fue considerado por los intelectuales europeos de la Edad Media como una especie infrahumana y salvaje, muy lejana de las razas creadas por su Dios asiático-europeo, pero ¿Acaso, las razas que adoraban al Dios asiático-europeo, no eran salvajes por quemar en la hoguera a todos los que no pensaban igual que ellos? y hasta los más santificados participaban en aquellas maquiavélicas orgías del infierno.

Capítulo 6

AMÉRICA SALVAJE, EUROPA DEMONÍACA

Los siglos XV y XVI fueron los siglos de máximo esplendor para el pueblo Azteca, logrando convertirse en uno de los imperios más grandes que han existido en América, con una población tributaria para el centro administrador que se encontraba en Tenochtitlán de 30,000,000 de contribuyentes, que ya los quisiera en este momento el SAT, nuestra gran recaudadora fiscal mexicana, a la que más de la mitad se le van sin pagar. En nuestro país no tenemos la cultura de pagar impuestos y desde el más pequeño hasta el más grande contribuyente siempre está viendo la forma de evadirlos. Es clásico que al hacer una compra, en una gran cantidad de establecimientos, le den un precio de compra sin factura y otro sí solicita factura, siempre buscando evadir el IVA (Impuesto al Valor Agregado) que en nuestro país es del 15 %, más del doble que en los Estados Unidos donde es del 6 %, **IMPUESTO MUY CARO**. Claro que esta falta de compromiso con el gobierno de retener un impuesto, que posteriormente será devuelto en servicios, no se lleva a cabo porque no hay la confianza de que el gobierno haga su parte y en realidad no la hace porque podemos ver todas las carreteras del país mal hechas y llenas de baches, las comunidades populares sin pavimento, las escuelas sin mantenimiento, las aguas continentales y playas sucias y sin los mínimos cuidados, los bosques desapareciendo poco a poco y la autoridad comprada para hacerse de la vista gorda, las drogas corren, nadan y vuelan y nadie sabe sus rutas ni las pueden detener, las armas entran y entran al país y nadie las detecta ni las detienen, nuestros niños muriendo de desnutrición, nuestros jóvenes atrapados por la drogadicción, nuestros ancianos terminando su vida en la más vil miseria y presos de las enfermedades crónico-degenerativas, muchas veces prevenibles, 1500 mexicanos diariamente saliendo del país en busca de trabajo hacia los Estados Unidos y a nadie le importa. Muchos creen y otros estamos totalmente convencidos que el dinero retenido por el SAT va directamente a las arcas que descubrió Alí Babá. Con la facilidad de un ábrete sésamo disponen del dinero del pueblo a su antojo, esperando que el próximo gobierno haga lo que ellos no hicieron, haciendo un cuento de nunca acabar, el de Alí Babá y los cuarenta burócratas.

Tenochtitlán, la ciudad principal del imperio Azteca tenía 100,000 pobladores a la llegada de los españoles, población sólo comparable en ese tiempo con ciudades como Paris en Francia o Venecia en Italia, en el número de habitantes. En esa época, España no tenía una sola ciudad con esas dimensiones.

La primera impresión, por supuesto injusta, que tuvieron los españoles al tener contacto con los antiguos pueblos americanos fue de encontrar tribus salvajes, sin manera de asimilar un conocimiento, imposible de desarrollar una cultura e incapaces de poder asimilar e integrarse a una civilización. Se encontraron al hombre y a la mujer semidesnudos con una gran cantidad de adornos en oro, plata, plumas y piedras preciosas, con pinturas por todo el cuerpo, comiendo hiervas, hojas, frutos, raíces y carne cruda, defendiéndose con lanzas, flechas y hondas, y con la costumbre de bañarse a diario y a veces hasta dos veces por día, cosa que sorprendió a los españoles y de lo que no pueden presumir los europeos. Con esa costumbre de los europeos de bañarse cada año, haga o no haga falta, como no iban a ser un medio de cultivo y una fuente infectocontagiosa tanto para portar, como para transmitir todas las enfermedades más mortíferas de ese tiempo como: la tuberculosis, la lepra, la sífilis, la tifoidea y muchas otras enfermedades contra las que no teníamos defensas, por nunca haber estado en contacto con ellas, por lo que su contagio siempre era mortal para el indígena. Isabel de Castilla, reina de España se bañó dos veces en su vida; Isabel I de Inglaterra se bañaba cada mes; la criolla francesa Josefina Bonaparte, esposa de Napoleón se bañaba cada que Napoleón regresaba de combate, pero hasta después de haber estados varios días en el lecho con su marido. Con estos simples ejemplos podemos imaginar que si por fuera estaban tan sucios los cuerpos de aquellos europeos que llegaron a dizque colonizarnos, por dentro traían el alma pútrida.

Todavía uno o dos siglos después de la llegada de los españoles, éramos catalogados por los *"intelectuales europeos"*, una especie incapaz de aprender, intermedia entre los animales y los humanos del viejo mundo.

Durante la conquista de México, que no fue conquista sino exterminación, se dieron cuenta de los sacrificios humanos que llevaban a cabo los Aztecas, intentando darle vida a su dios Huitzilopóchtli quien era su guía, su protector y aliado en la guerra, el Sol que le daba vida a la tierra para la producción de alimentos; esos sacrificios les hicieron pensar que las tribus americanas seguían viviendo en la barbarie, en una época muy anterior a la que vivían los europeos, por lo que consideraron a América, el Nuevo Mundo salvaje. Sin embargo, el europeo que se creía liberado de esa vieja época salvaje por la que han pasado todas las culturas, continuaba sacrificando seres humanos, ya no sacándoles el corazón para darle vida a su Dios, sino quemándolos, con todo y cuerpo en la hoguera, a todo aquel que se alejaba de sus doctrinas, que blasfemaba o que era un peligro para el clero y el gobierno.

Este salvajismo, este estado de barbarie siempre existirá y probablemente en mil o dos mil años estén criticando a nuestra época, y no se expliquen porque los anglosajones norteamericanos en los últimos doscientos años del último milenio se dedicaron a hacer la guerra por todo el planeta, pregonando libertad y democracia por el mundo, pero sometiendo al más débil, al que no piensa igual que ellos, al que, según ellos, es una amenaza para la humanidad, cuando la verdadera amenaza de este planeta son ellos, sobre todo los locos paranoicos que cada período pasan a dirigir el Pentágono.

El motivo del contacto de Europa con América, fue el bloqueo que hicieron los turcos al apoderarse de Constantinopla (hoy Estambul) e impedir el comercio entre Europa y el lejano oriente: India, Arabia, Catay China, Cipango Japón, de donde Europa se abastecía sobre todo de especias, de perlas, de sedas, tapetes, etc. Ese bloqueo obligó a los comerciantes a buscar nuevas rutas para llegar al lejano oriente, rutas que se creían imposibles por las leyendas, supersticiones y falta de conocimiento fuera del círculo entre Europa, Egipto y Japón. Gran parte de los conocimientos geográficos, astronómicos, físicos y matemáticos de los griegos se tenían olvidados, ocultos o prohibidos por la Iglesia Católica y la mayor parte de las cosas giraban en torno a ella, así por ejemplo se creía y era ley en su tiempo que el centro del mundo era Jerusalén y a partir de el surgían los continentes: Europa, África y Asia, que eran los continentes conocidos sólo en parte en aquel tiempo. También se afirmaba que la Tierra era plana y al final los continentes terminaban en un profundo abismo. También se creía que la Tierra era el centro del Universo y que el Sol giraba alrededor de la Tierra, Galileo fue juzgado por el Supremo Tribunal de la Santa Inquisición por afirmar que la Tierra era la que giraba alrededor del Sol, contradiciendo a la Iglesia. Copérnico también lo sabía, pero por precaución nunca lo divulgo, pero quien conozca las leyes de Copérnico sabrán que él estaba totalmente convencido de que era la Tierra la que giraba alrededor del Sol y no al revés como lo afirmaba la Iglesia Católica.

Al bloquear los turcos las rutas conocidas hacia oriente, los españoles y los portugueses se dieron a la tarea de buscar nuevas rutas para llegar a los países de las especias. El temor a lo desconocido y la difusión de sorprendentes leyendas sobre peligros existentes en tierras y mares más allá de lo conocido, freno el desarrollo de de las flotas marinas por muchos años. El mismo Ptolomeo, uno de los hombres más sabios de la antigüedad que recopiló muchos de los conocimientos de los griegos; de Geografía,

Astronomía, Matemáticas, Geometría y Física, creía que el continente africano era una superficie cerrada en su extremo sur, lo que hacía imposible rodearlo para poder llegar al océano Índico. En ese mismo tiempo se creía que la zona tórrida de África era inhabitable y que los mares a nivel del ecuador geográfico del planeta se encontraban hirviendo. Todos estos enigmas fueron desapareciendo cuando los portugueses empezaron a navegar sobre las costas africanas, actividad que iniciaron desde principios del siglo XV. Pero antes de encontrar la ruta para llegar a la India y continuar con el negocio de las especias, negocio monopolizado por las flotas italianas tiempos antes, encontraron un negocio más fructífero en territorios africanos "El tráfico de esclavos negros". Así, Portugal se convirtió en el primer país que trafica con esclavos de un país a otro o de un continente a otro. En un principio, Portugal vende mercancías europeas a algunas tribus africanas las cuales pagan con productos como: metales, frutas y personas hechas esclavas. Por su parte Portugal lleva los esclavos y los vende en Europa. Pero, su ambición no cesa a pesar de las grandes fortunas que consiguen con la venta de esclavos negros y pronto empiezan a conquistar tierras africanas con el fin de capturar sus habitantes y llevarlos a vender a Europa, multiplicando aún más sus ganancias. Pronto se suman a este fructífero negocio los españoles, que aunque sin igualar el tráfico de esclavos negros de Portugal, si les hace la competencia y

España se entrena para casi despoblar años más tarde al continente Americano, con esta bonita práctica aprobada por la iglesia de su tiempo, "*el tráfico de esclavos*". El mismo Vaticano periódicamente recibía una dotación de esclavos negros que distribuía entre su personal.

En el siglo XV había varias flotas marítimas muy importantes como las de Venecia y Florencia que eran las intermediarias en el comercio de especias que recogían en medio oriente y transportaban hasta Europa. Pero, la flota más poderosa del mundo de aquel tiempo era la Portuguesa, no por nada era la que tenía la escuela más importante de navegación con los últimos adelantos de su tiempo. Esto fue determinante para que fuera un portugués, Vasco de Gama, el primero que rodeando el continente africano, llegara hasta Calicut (actualmente Kozhikode) y por fin se cumpliera el propósito de tantos navegantes de llegar a la India por una ruta diferente a las que cruzaban por Constantinopla, llegando Vasco de Gama el 20 de Mayo de 1498, se convirtió nuevamente Portugal en el líder que ahora monopolizaría el comercio de las especias.

Pero a España el destino le tenía reservada una gran sorpresa, que la sacaría de las ruinas en que se encontraba y más tarde la convertiría en la primera potencia del mundo en los siglos XVI, XVII y XVIII. Este poderío lo alcanzará gracias a la inquietud de un marino genovés de nombre Cristóbal Colón, quien fue un mercenario al servicio del rey de Nápoles, Rene d´Anjou. Este hombre era un excelente marino que aunque falto de preparación, tuvo la voluntad para revisar y recopilar muchos conocimientos sobre Geografía y Cosmografía, revisar las obras de Pedro de Aliaco, de Marco Polo, de Ptolomeo y sostuvo correspondencia con Toscanelli, importante cosmógrafo de su tiempo, quien le aseguraba que viajando hacia el occidente encontraría la India. Así Colón, por sus actividades de marino viajaba por toda Europa, lo que facilitó que propusiera su proyecto en varios países; en Italia su país de origen, en Francia, en Inglaterra, en Portugal y en España, pero creyendo imposible tal empresa todos los países rechazaron el proyecto en su primera presentación. Y fue España la que mostró más interés, por lo que insistió en este país tomándole 7 años convencer a los reyes de la corona española, aunque nunca convenció a los sabios de la Universidad de Salamanca ni a los de la Universidad de Córdoba, que eran asesores de los reyes y fueron los mismos reyes quienes se aventuraron a patrocinar el primer viaje de Colón, en busca de la India y del comercio de las especias. Fernando de Aragón e Isabel de Castilla, acababan de terminar una guerra de ocho siglos contra los árabes expulsándolos finalmente de España, pero quedando en bancarrota el reino y a pesar de que sus sabios asesores no aprobaron el proyecto de Colón, los reyes deciden apoyar a Colón con un poco más de la mitad del proyecto que se valúo en

2,000,000 de maravedís, empeñando algunas joyas de la reina aportaron 1,140,000 maravedís los reyes católicos, 400,000 maravedís aporto un particular llamado Luís Santángel y el resto, esto es, 460,000 maravedís los pusieron los duques de Medinacelli y de Medina-Sidonia. Sí que estaba en bancarrota la corona española, cuando les costo tanto preparar y abastecer tres carabelas para el primer viaje de Colón que llegaría a América, en esos mismos tiempos la Santa Sede enviaba cruzadas a recuperar Tierras Santas compuestas por más de 200 naves bien armadas y equipadas.

Villa de Palos, de donde zarpó Colón, también contribuyó para el viaje, por tener cuentas pendientes con la Administración de la Corona Española, por lo que saldó sus cuentas proporcionando para el viaje las tres carabelas que comandó Colón: la Niña, la Pinta y la Santa María, que lo llevarían a descubrir América.

Después de que los reyes aceptaron el proyecto, discutieron varios puntos del viaje y llegaron a los siguientes acuerdos:

a).- Cristóbal Colón tendría el título de Almirante en todo lo que se descubriera o se ganara, con carácter vitalicio y heredable.

b).- Cristóbal Colón tendría el oficio de virrey y gobernador de todo lo que se descubriera o se ganara, no heredable.

c).- Cristóbal Colón se beneficiaría con el 10% de las ganancias que se pudiesen obtener. En este punto tuvieron problemas para poder llegar a un acuerdo, ya que Colón pretendía en un principio un 20% de las ganancias y finalmente acepto quedarse con el 10%.

El siguiente paso fue reclutar la tripulación para el viaje, pero solo se pudieron conseguir de voluntarios los mandos de cada nave, Colón, Martín Alonso Yánez Pinzón y Vicente Yánez Pinzón, quienes eran hermanos y se dieron ánimo para acompañar a Colón. Pero Colón, por tener el grado de Almirante, o sea, "jefe supremo de las fuerzas armadas", estaba facultado para poder dar amnistía a los presos de las cárceles, por lo que liberó una gran cantidad de presos con los que completó una tripulación de 120 personas para las tres carabelas, así con éstas finísimas personas, zarpo del Puerto de Palos el viernes 3 de Agosto de 1492.

Se inició el viaje, se tuvieron algunos tropiezos que se superaron al inicio, pero Colón tenía calculado que a las 750 leguas encontraría tierra firme y para el 6 de octubre de 1492 ya llevaban recorridas 966 leguas, la tripulación ya se encontraba al borde de la desesperación y cuidado con levantarles la voz a aquellas finas personas. Ese mismo 6 de octubre se amotinaron y para el 9 de octubre le dan un ultimátum de 3 días más a Colón y si en 3 días no llegaban a tierra firme darían marcha atrás de regreso a

España. Y precisamente 3 días después el 12 de Octubre de 1492 llegan a tierra firme a una pequeña isla a la que Colón bautiza como San Salvador, porque esa isla salvo la empresa y salvo su vida que en todo momento estuvo amenazada por aquella talentosísima tripulación. Aquella isla de San Salvador, hoy se llama Isla Watling y forma parte de las islas de Bahamas.

Este primer viaje que partió de Puerto de Palos el viernes 3 de Agosto de 1492, llego a la isla de San Salvador el viernes 12 de Octubre de 1492, transcurriendo desde su partida hasta su llegada 70 días, los siguientes viajes que realizó Colón los llevó a cabo en sólo 21 días.

En los siguientes cuatro meses de su llegada a las nuevas tierras, Colón se dedicó a explorar todas las islas cercanas buscando la isla de Catay de China y la de Cipango de Japón. Colón creyó encontrar Cipango, nombrada posteriormente como La Española, hoy llamada Haití y Santo Domingo. A Catay la confundió con la isla de Cuba y mando elaborar un certificado donde afirmaba y certificaba dichos hallazgos. Además, dentro del mismo certificado estableció castigos para quien dudara de lo que el certificaba en sus documentos, estableciendo una multa de 10,000 maravedís, el corte de la lengua y 100 azotes para quien desdijera dicha certificación. Esta era la forma de hacer justicia de la Europa civilizada.

Después de cuatro meses de exploración, regresa Colón a España, llegando a Puerto de Palos el 15 de marzo de

1493. Se hace presente con los reyes de España, los que lo reciben con grandes pompas. Colón lleva con él aves exóticas, plantas que no existen en Europa, muchas piezas en oro, plata y piedras preciosas, y varios indígenas capturados en las islas de las Antillas. Los reyes quedaron sorprendidos de las riquezas que vieron y que Colón aseguraba existían en abundancia en el Nuevo Mundo, así como les sorprende la propuesta de Colón de iniciar el tráfico de esclavos indígenas, para hacerles la competencia a los portugueses con el tráfico de esclavos negros provenientes de África. Los reyes católicos le dicen a Colón que lo platicarán con la corte y días después la corte resuelve que España no negociara con los indígenas que habitan en sus colonias, llevándolos a vender como esclavos a Europa, que era la compradora de los esclavos negros que Portugal traía de África. Así, desde el principio de la colonia el tráfico de esclavos indígenas hacia Europa estuvo prohibido. Pero siempre se llevó a cabo a pesar de querer evitarlo y querer esconderlo, porque los mismos reyes y sus cortes se ufanaban del éxito que estaban teniendo con el tráfico de esclavos indígenas, pero para los historiadores estuvo prohibido asentarlo en sus escritos.

Al contrario de esclavizarlos, venderlos, maltratarlos, ultrajarlos, la corona española promulgo varias disposiciones para que se hicieran cumplir en América con los indígenas, las cuales nunca se cumplieron :

ORDENANZAS DE LA CORONA ESPAÑOLA

1.- Se cuidará de los indígenas de las colonias españolas.
2.- Se les protegerá.
3.- Se les educará en la religión cristiana.
4.- Se les enseñará el idioma español.
5.- Se le entrenará en algún oficio.

Cumplir todas estas disposiciones fue muy difícil, de hecho, sólo algunas se cumplieron hasta después del segundo viaje de Colón a América en que le acompañaron ya algunos frailes que se podría decir fueron los únicos que trataron de que se cumplieran las disposiciones de la corona y no todos los frailes, porque se tienen registros del padre Eusebio Kino, quien reunía indígenas en una hacienda con la promesa de darles regalos y ya reunidos la mayor cantidad posible eran masacrados por las armas de los españoles, sin misericordia y sin compasión, sin importarles que fueran hombres o mujeres o niños o ancianos.

Santo Domingo, en la isla La Española, se convirtió en el cuartel general donde llegaban todas las expediciones y de ahí se decidía el destino final de las expediciones o de sus tripulantes. Pero pronto Santo Domingo, se quedó sin indígenas a pesar de que traían los capturados en las islas cercanas. Esta exterminación se debió a los abusos de los españoles, a los malos tratos, a la jornada extenuante de trabajo, quedándose sin indígenas y sin mano de obra regalada antes de que se dieran cuenta. A lo que sugirió el fraile dominico, Bartolomé de las Casas, traer esclavos negros de África para sustituir la mano de obra indígena que era de naturaleza menos resistente que la de los negros y además ya no había. Para 1522, apenas 30 años después del descubrimiento de América, Santo Domingo ya tenía 9,000 esclavos negros.

Cinco meses después de la llegada de Colón, de su primer viaje, se prepara el segundo. Ésta vez, el objetivo es empezar a colonizar al Nuevo Mundo, ahora sí, hay muchos voluntarios y muchos inversionistas. Teniendo todo listo, sale del Puerto de Cádiz esta vez, con 17 navíos y 1,200 hombres a bordo, el 25 de septiembre de 1493.

Regresa Colón y tan luego llega se prepara el tercer viaje, con 8 carabelas y 600 hombres se hacen a la mar el día 5 de mayo de 1498. El objetivo de ésta tercera expedición es ir más allá de las Antillas y explorar tierra firme del continente, por lo que llega a la desembocadura del Orinoco en Venezuela. Esta desembocadura le hace pensar a Colón que se encuentra cerca del paraíso terrenal bíblico, porque solo una desembocadura de tal magnitud podría ser el final de la convergencia de los ríos Jordán, Tigris, Éufrates y Nilo como se creía en aquel tiempo.

En éste tercer viaje Colón descubre la isla Cubagua, un lugar donde abundan las perlas, y América del sur, pero estos descubrimientos no los comunica a los reyes españoles. En Santo Domingo hay muchos problemas y resentimientos por parte de las tropas contra Colón. A su hijo Diego Colón y a su hermano Bartolomé, los acusan de monopolizar las riquezas. Todos estos problemas entre Colón y las tropas, la desesperación de la corona por no ver llegar las riquezas que se presumían del Nuevo Mundo y la desobediencia de Colón al seguir traficando con esclavos, a escondidas de la corona, propicio que los reyes enviaran al abogado Francisco Bobadilla a arrestar a Colón y a sus familiares, quitándole el cargo de gobernador y virrey a Colón y anulándole todos los privilegios que tenía. Así, lo sustituyó el abogado Bobadilla en los cargos de gobernador y virrey y Colón fue regresado preso a España, llegando en noviembre de 1500. A su llegada fue recibido por los reyes y liberado y por 2 años no tuvo ningún privilegio de los que inicialmente había pactado con la corona española.

Colón se había casado con una portuguesa y estuvo muy cerca de los reyes de Portugal a los que les confió gran parte de los descubrimientos de los primeros años de sus travesías, muy a pesar de que en su momento no lo apoyaron, los portugueses quisieron adueñarse de los conocimientos y reclamar las tierras descubiertas por Colón. Esa información era privilegiada y catalogada como secreto de Estado en su tiempo, por lo que acudieron a la máxima autoridad de la Iglesia Católica, para reclamar derechos por las tierras descubiertas por Colón. Pero, ya los reyes católicos de España se les habían adelantado a los portugueses a lo que respondió el Papa Alejandro VI (el famosísimo papá de los Borgia), de origen español, creando la primer Línea Alejandrina, que repartía casi todo el mundo entre España y Portugal. Esta primer Línea Alejandrina corría de polo a polo o de norte a sur, porque todavía no se conocían bien los polos y sus características (todavía se sostenía que la tierra era plana). Además, de correr de norte a sur pasaba a 100 leguas al occidente de las isla de Cabo Verde en África, de esta manera España sería dueña de todas las tierras al occidente de la Línea Alejandrina y Portugal de las tierras aún sin descubrir al oriente, esto quedó estipulado en la Bula del 4 de mayo de 1493, esto se da días después del regreso de Colón a España de su primer viaje, en que por cierto antes de llegar Colón con los reyes españoles sus patrocinadores, pasó primero con los reyes de Portugal. Ésto cuando lo supieron los reyes españoles no les gustó nadita, y en su momento se lo cobraron a Colón. Esta repartición del mundo no convenció a los portugueses, por lo que lucharon hasta conseguir que el Papa recorriera la Línea de repartición, moviéndola finalmente hasta las 370 leguas al oeste de las islas de Cabo Verde, esto permitió que casi todo Brasil pasara a poder de los portugueses, este nuevo reparto fue gracias al Tratado de Tordesillas firmado en 1494, esto si fue un reparto salvaje, casi los cinco continentes repartidos entre dos países, esto los convertía en las potencias mundiales de la Colonia.

Pero a España, Portugal le estaba ganando la carrera, el 20 de mayo de 1498 el portugués Vasco de Gama rodeando las costas de África logra llegar primero a Calicut, donde establece una colonia en la India y en poco tiempo se apoderan del comercio de las especias. España que había sido pionera en la búsqueda de nuevas rutas hacia el oriente, ahora se encontraba rezagada. Esto la hace replantearle nuevamente al Almirante Colón, que ya no era Almirante, la realización de un cuarto viaje con el objetivo de llegar a las Indias por el occidente. Los reyes le restituyen muchos de sus privilegios a Colón y lo convencen para que realice un cuarto viaje, con el objetivo de encontrar la ruta para llegar a las Indias por el occidente. Colón ya se encuentra cansado, enfermo y decepcionado, pero por agradecimiento a la reina Isabel, su protectora incondicional, decide realizarlo y zarpa de Cádiz el 11 de mayo de 1502. Para el tercer y cuarto viaje fue difícil conseguir voluntarios, por lo que gran parte de la tripulación estuvo compuesta por presos liberados de las cárceles españolas. En este cuarto viaje, Colón recorre y explora Centroamérica buscando un paso hacia el océano pacífico, pero nunca encontró dicho paso por lo que dos años después decide regresar a España donde desembarca el 7 de noviembre de 1504. A su llegada se encuentra con la triste noticia de que la reina Isabel, su protectora, había muerto, su admiradora y probablemente su enamorada, así lo veía su propio esposo el rey Fernando de Aragón, esto ocasionó que Colón perdiera nuevamente la mayoría de sus derecho y privilegios. Colón padecía de gota y en los últimos años de su vida se fue acentuando el problema, muere en Valladolid el 20 de mayo de 1506, despojado de sus títulos, de sus privilegios, enfermo y olvidado por el pueblo español, a quien convirtió en la primer potencia del mundo por más de tres siglos.

Descubierto el Nuevo Mundo y confirmada su posesión por el Papa Alejandro VI, los españoles fueron apoderándose de todas las tierras que se encontraban de este lado de la Línea Alejandrina, sin importar la presencia de los habitantes naturales y originales del Nuevo Mundo, a donde llegaban leían a los indígenas, que no entendían Español, su absurdo **"Requerimiento"**, como ellos llamaban al acta de posesión de las tierras donde llegaban.

REQUERIMIENTO

Acta de posesión otorgada por la corona española y por el papado.

"Se les dice en nombre de los monarcas de España que sólo hay un Dios, que su representante en la tierra

es el Papa y éste ha otorgado a los reyes españoles las tierras en las que están viviendo, por lo que a partir de ese momento pasan a control de las tropas españolas y se les aconseja su comprensión pacífica."

Así es como la Europa civilizada tomó posesión de todo el Nuevo Mundo repartido entre España y Portugal, decidido por el Papa Alejandro VI, pero el mandato o Bula no fue respetado ni por ingleses, ni franceses, ni holandeses, ni rusos. Porque apenas un siglo después de la repartición entre España y Portugal, llegaron los ingleses, los franceses y los holandeses al norte de América por el lado este y Rusia por el lado oeste del norte de América. Llegaron, se instalaron y nombraron propios los terrenos que empezaron a ocupar, no se respetaron entre ellos como europeos civilizados, no respetaron su religión como creyentes que se manifestaban, desconocieron al Papa para entrar en la lucha de tierras, dejaron su religión como cambiarse de ropa y al día siguiente amanecieron con nuevos linajes religiosos cortados a la medida. Se apropiaron de terrenos "**no ocupados**" en el norte de América, aunque si estaban ocupados por las tribus nativas pero estas no contaban para ellos, los europeos continuaron invadiendo y empezaron a arrebatar terrenos ya reconocidos y colonizados por otros europeos, los españoles, que habían colonizado primero el norte de América. Tiempo después de la Independencia de México los europeos ingleses nos despojaron de más de la mitad de las tierras que los mexicanos habíamos recuperado de los españoles. Estos europeos salvajes, sin palabra, sin respeto por nada, que se burlan de cualquier acuerdo, que se empeñan en hacer tratados que nunca cumplen, que juran decir la verdad sobre una Biblia y son los más mentirosos del planeta, que luchan y pelean por la libertad y son partidarios de la esclavitud, que fueron corridos o huyeron de su país y llegaron a América de Norte con la bandera de inmigrantes ilegales y hoy quieren hacernos creer a nosotros los mexicanos, *que nosotros somos los inmigrantes ilegales de América del Norte.*

Esos europeos inmigrantes ilegales con el poco cerebro que les dio Dios, del cual reniegan, pudieron conectar dos neuronas y en América quisieron lucirse al crear su "Destino Manifiesto" el que dice:

"Los europeos y sus descendientes deben en sometimiento de su destino, regir en América. Somos la raza dominante y por tanto responsable de los indios, sus bosques, tierras y minerales."

Es clara la existencia de la ley del más fuerte y en América nos la aplicaron a los nativos y a los españoles que eran los dueños de medio mundo, en el sentido estricto de la palabra. Pero ésta ley ¿Dónde se da más? precisamente en el mundo salvaje y eso es lo que representan los inmigrantes ilegales ingleses hoy falsamente llamados americanos, ***la parte salvaje de la humanidad***, la que no pudo adquirir la neurona de la concordia, del respeto, del buen vecino, del compañero, menos la del hermano genético y por esa razón fueron desterrados de Europa y hoy imponen su ley pisoteando los derechos naturales e históricos de los mexicanos, y de muchos otros hermanos que han llegado al norte de América buscando mejores condiciones de vida que las que tiene en su lugar de origen, igual como lo hicieron los habitantes del norte hace 1000 años cuando bajaron hacía México, buscando mejores condiciones de vida y como lo hicieron todos los inmigrantes que llegaron de Europa a Norteamérica hace 500 años.

Capítulo 7

AMÉRICA, EL NUEVO MUNDO

Durante los primeros años de los viajes de Colón, que solo hizo cuatro y nunca siquiera tocó territorio mexicano, siempre creyó e hizo creer a los demás que América era la parte más oriental del continente asiático. También se pensó al encontrarse con aquellos bellísimos paisajes vírgenes y naturales, que habían llegado al bíblico Edén, el cual según los teólogos se encontraba en las tierras orientales más lejanas del continente asiático.

La proeza de determinar que las tierras que se habían descubierto, no eran la región oriental más lejana del continente asiático, ni la India, ni China, ni Japón como creía Colón, le tocó a otro italiano, al florentino Amerigo Vespucci. Amerigo que más tarde castellanizó su nombre por el de Américo Vespucio, era hijo de una familia pudiente de Florencia. Esta situación le proporcionó la oportunidad de adquirir una educación muy completa, lo que hizo que Américo obtuviera conocimientos como: Latín, Literatura, Física, Geometría, Astronomía y Cosmografía. En 1491, es enviado de Florencia a Sevilla por parte de la empresa para la que trabajaba, la cual se encargaba de aprovisionar barcos y a Américo Vespucio le tocó preparar las carabelas en las que Colón viajó a América.

Américo más que una persona de trabajos rutinarios, era una persona que gustaba de la aventura y le apasionaba la investigación, por lo que abandonó sus trabajos administrativos en la empresa y se incorporó a las expediciones de exploración que se encontraban en su máximo apogeo. Por lo que se embarca hacia el Nuevo Mundo en 1499, auspiciado por los reyes de España y en 1501 nuevamente realiza otro viaje al Nuevo Mundo, ésta vez patrocinado por los reyes de Portugal. Américo era un marino con conocimientos y experiencia en alta mar, con mucha intuición que lo llevó a bordear las costas del Nuevo Mundo, concluyendo después de varios de sus viajes de reconocimiento, que las tierras descubiertas por Colón eran otro continente desconocido hasta entonces para Europa y que no se trataba de la región oriental más lejana del continente asiático como creía Colón e hizo creer a mucha gente.

Para el año de 1504 Américo tenía claros los contornos del nuevo continente, por lo que estuvo enviando registros de sus descubrimientos al teólogo y cosmógrafo Martín Waldseemuller de origen alemán, uno de los cosmógrafos más importantes de Europa en su tiempo. Waldseemuller trabajó con la información enviada por Américo y en 1507 publicó el primer mapamundi al que llamó, "Universales cosmographiae secundum Ptholomaei traditionem et Americi Vespucci alioriumque lustratines", un mapamundi impreso en una superficie de 3.5 metros cuadrados, de los que se imprimieron 1000 ejemplares y hoy solo se conserva una replica de aquel primer mapamundi, que exponía una tierra completamente nueva y en un tamaño nunca presentado. En estas primeras impresiones es donde aparece el Nuevo Mundo identificado con el nombre de América, que hizo Waldseemuller en honor al marino italiano Américo Vespucio.

El descubrimiento del Nuevo Mundo prometía la salvación del Viejo Mundo, de una población decadente, inmersa en constantes luchas por las tierras y el poder, que vieron en América la solución a sus miserias económicas y espirituales, y un desahogo a sus odios, a sus frustraciones y vinieron a conquistar a la América salvaje, de la forma más salvaje que se pueda imaginar.

Para la Iglesia Católica que a veces peca de prudente y a veces peca de vanidosa, el nuevo continente planteo un gran problema, porque los seres humanos creados por

Dios solo se encontraban en el continente asiático, africano y europeo, más allá de los mares que rodeaban estas tierras ya no podían ni deberían de existir más seres vivos, ni más tierras y al descubrimiento del Nuevo Mundo con nuevos habitantes, de momento no se supo como explicarlo. Pronto llegó la primera explicación y se argumento que los pueblos de América descendían de alguna de las doce tribus que pudo haberse extraviado, navegar hasta América y establecerse en ella. De aquellas doce tribus formadas cada una por los doce hijos de Jacob, cuatro generaciones después de Abraham: José, Rubén, Simeón, Leví, Judá, Dan, Neptalí, Gad, Aser, Isacar, Zabulón y Benjamín. La tribu de Judá no pudo ser porque de ella descendió todo el pueblo de Israel, aunque sí podemos decir que hasta el momento se encuentra extraviada, porque considerándose los elegidos aún no encuentran ni su lugar, ni su tranquilidad. Todas las demás tribus tampoco pudieron ser porque algo ya característico de las doce tribus fue que eran monoteístas y todas las tribus de América eran politeístas. Nunca hubo una explicación convincente por parte de la Iglesia que presumía de tener todas las explicaciones y siempre la razón en todo.

Capítulo 8

LA CONQUISTA DE MÉXICO, LA ANIQUILACIÓN Y EL MILAGRO MEXICANO

La existencia del pueblo mexicano se debe a un milagro, un milagro que no sabemos a quien atribuírselo, si a los dioses Aztecas que le cumplieron a su pueblo todas sus profecías, haciendo del pueblo Azteca uno de los más grandes, poderosos y fructíferos imperios de América, o al nuevo Dios recién estrenado e impuesto por los españoles a los Aztecas desde el siglo XV, XVI, XVII, XVIII hasta el siglo XXI, tomando desde entonces la religión católica, de tal forma que hoy en el año 2006 un 96% de la población mexicana profesa la religión católica, también impuesta en todas las colonias españolas como religión única. Pero España que la implantó en todas sus colonias, en su tierra sólo un 94% de la población la practica, los españoles son *"candil de la calle y oscuridad de su casa"*. El Dios que nos impusieron es el mismo que dicen escogió al pueblo de Israel como su favorito, pero que después de 2000 años no ha podido darles un lugar estable, ni paz, ni tranquilidad, ni tolerancia, ni esperanza a su gente.

El milagro mexicano se debe a que posterior al descubrimiento de América en 1492 y a la conquista de México en 1521, justo al contacto de América con los europeos, México contaba en sus territorios con 30,000,000 de habitantes y al interaccionar el pueblo de México con el pueblo español, empezó a experimentar un rápido descenso de su población, de tal forma que para 1534 el país ya solo tenía 5,000,000 de habitantes, en 13 años de conquista española ya habían muerto o hechos esclavos o vendidos en Europa a 25,000,000 de mexicanos. Continúo la conquista, el trafico de esclavos, los maltratos, abusos y sobreexplotación de la población mexicana, por los conquistadores españoles en presencia de los clérigos que siempre estuvieron acompañándolos desde el segundo viaje de exploración de Colón en 1493, con su misión evangelizadora que quizá la sintieron una misión imposible, evangelizar a 30,000,000 de mexicanos tan arraigados al politeísmo y casi se convierte de verdad en una misión imposible, cuando en 1610 se contabilizan en el país menos de 1,000,000 de mexicanos, más de 29,000,000 de mexicanos habían muerto o habían sido capturados para ser vendidos en Europa. Por poco y gracias a Dios creyeron los clérigos ya no iba a haber a quien evangelizar. Muy a pesar que desde el principio los reyes católicos le habían prohibido a Cristóbal Colón traficar con esclavos, toda la última década del siglo XV, Colón trafico en secreto con esclavos provenientes de América que iba a vender a Europa y fue una de las causas que ocasionó que en 1499 Cristóbal Colón, su hermano Bartolomé Colón y su hijo Diego Colón fueran hechos presos en Santo Domingo, lugar de la Isla la Española que por muchos años fue el cuartel general donde llegaban primero todos los viajes de España y donde se decidía su destino final, también de ahí salieron todos los viajes de exploración y de conquista en el siglo XV. Y fue el licenciado Francisco Bobadilla quien hizo preso a Colón y a sus familiares y los envió engrilletados a España, donde a su llegada fueron perdonados por la Corona española, pero a Colón se le quitaron sus títulos y todos los privilegios que tenía.

Se podría pensar, que Colón creyó que como España tenía 50 años traficando con esclavos negros de África, queriendo competir en el tan remunerable negocio que iniciaron los portugueses a mediados del siglo XV y que casi tenían el control y monopolio de los esclavos que compraban o capturaban en África y los llevaban a vender a Europa, podría ahora España, por medio de Colón competir con Portugal, llevando esclavos de América donde abundaban y no tenían costo para los españoles, por creer ser ellos los dueños de todo lo que existía en el Nuevo Continente, como lo dispusieron ellos y el Santo Papa Alejandro VI, que los confirmó dueños de casi toda América. Así, en menos de 50 años, despoblaron las islas del Caribe por el salvajismo y la ambición desmedida de los españoles, por el trato inhumano y violento y por la captura y venta que hicieron de los indígenas vendiéndolos como esclavos en Europa. A principios del siglo XVI sugiere el fraile dominico Bartolomé de las Casas, "*El defensor de los indios*", ¿Qué tal sí no lo fuera? que se trajeran esclavos negros de África, que eran de naturaleza más resistente que los indígenas, para poder sustituir la falta de mano de obra indígena que ya casi habían exterminado los mismos españoles. Tan resistentes fueron los esclavos negros que en 400 años de tráfico se comerció en África con más de 100,000,000 de sus habitantes dejando al continente casi despoblado. Este tráfico se realizó en complicidad con los caciques de las tribus africanas, quienes cambiaban a sus hermanos por mercancías y armas para acrecentar su poder, ante una Iglesia Católica que aprueba la esclavitud o se hace de oídos sordos, porque la Iglesia era tan fuerte o más que el mismo Estado para poder evitarlo y por el contrario se confabulo con él para eliminar las razas que no les convenía existieran, por la amenaza que eran para sus intereses o simplemente no tenían importancia para ellos. Con los nuevos descubrimientos, las nuevas exploraciones y las nuevas conquistas, se hizo imperante la necesidad de mucha gente, tanto para trabajar, como para colonizar los nuevos territorios que se iban descubriendo. España como país, no podía mandar mucha gente porque se despoblaba y no era conveniente por protección propia, además eran pocos los que querían venir a las nuevas tierras, los que venían eran soldados obligados por el Estado, los delincuentes que tenían como única opción para ser liberados viajar al nuevo continente, por lo que los únicos que venían por decisión propia eran los aventureros y los clérigos. Esta necesidad de gente, cuando ya habían eliminado casi a toda la población indígena de América, la cubrieron con esclavos negros de África, pero ni la flota portuguesa ni la española fueron suficientes para traer toda la mano de obra que se requería en las nuevas tierras descubiertas, fue entonces que entraron al fructífero negocio de los esclavos la flota inglesa, la flota francesa y la flota holandesa, comprándolos, cambiándolos por mercancías o armas, o capturándolos, distribuyeron esclavos negros por todo el mundo, en las colonias propias o en las tierras que ocupaban mano de obra barata, fuerte, resistente y sin derecho a tener derechos. Así fue como, Portugal, España, Inglaterra, Francia y Holanda en menos de 400 años casi terminan con los hombres que fueron la simiente de la especie humana, la raza africana. 100,000,000 de seres humanos africanos fueron sacados en contra de su voluntad y llevados lejos de sus tierras y sus familias, sino es que fueron llevados con todo y familia y vendidos al mejor postor en cualquier parte del mundo.

Usted diga si la existencia del pueblo mexicano no es un milagro después de que de un solo país, México, eliminaron una tercera parte de lo que eliminaron en todo un continente, África, y en tan solo 90 años. Pero menos no se podría esperar de España, de un país en ruinas, vacía de valores, cargada de ambición y de codicia; máxime que no enviaron a la gente que ya tenían bien seleccionada y catalogada, especial para lo que sería la principal empresa de los españoles, lista para descubrir, explorar y conquistar al mundo; antes de mandar a sus abogados, humanistas, filósofos, médicos, ingenieros, químicos, arquitectos, artistas para conquistar el nuevo mundo, mandaron a todos los presos recluidos en sus cárceles y los que debieron haber venido a conquistar nunca llegaron y los que vinieron a conquistar se dedicaron a exterminar. Esto confirma "El Milagro", de como nos les escapamos a toda esa sarta de criminales tanto los ex presidiarios como los dirigentes europeos que llegaron creyéndose una raza superior y confundieron conquista con eliminación y colonización con destrucción. Así, tuvieron que pasar 434 años para que en 1955 el país de México volviera a contar con sus 30,000,000 de habitantes que tenía al inicio de la conquista española, mejor dicho de la exterminación española en 1521 y 279 años para que la Gran Tenochtitlán, hoy la ciudad de México, llegara nuevamente a los 100,000 habitantes como tenía a la llegada de los españoles y que vuelve alcanzar en el año 1800, solo 10 años antes de que inicie el movimiento de Independencia de México. En ese mismo año de 1800, la República mexicana, apenas había alcanzado los 6,000,000 de habitantes. Solo queda agregar que gran parte de las muertes de los 29,000,000 de habitantes que desaparecieron de los 30,000,000 que eran en las tribus mexicanas antes de 1521, murieron a consecuencia de las enfermedades infectocontagiosas que traían los españoles como: viruela, sífilis, tifo, vómito negro (fiebre amarilla) y otras. El mismo Cuitláhuac murió de viruela por lo que su gobierno solo duró 9 meses teniendo que sustituirlo el onceavo y último emperador Azteca Cuauhtemoc.

Aunque el gobierno español siempre negó haber traficado con esclavos indígenas, existen varios testimonios, entre ellos del mismo rey Fernando II en el que informaba a la corte que el trafico de esclavos indígenas estaba resultando todo un éxito

Éstos son sólo algunos de los españoles que se ha comprobado que participaron en el tráfico de indígenas:

* Cristóbal Colón, el descubridor de América.
* Bartolomé Colón, hermano de Cristóbal Colón.

* Diego Colón, Hijo de Cristóbal Colón.
* Diego Velásquez, Gobernador de Cuba y jefe que mandó a Cortés a explorar tierras mexicanas.
* Nuño Beltrán de Guzmán, presidente de la primer Audiencia que gobernó la Nueva España.
* Juan de Oñate, hijo de Cristóbal de Oñate fundador de Guadalajara y Zacatecas.

Capítulo 9

EL SAQUEO DE MÉXICO POR ESPAÑA

La búsqueda de nuevas rutas para el comercio llevó a los europeos a explorar el mundo y conquistar los nuevos descubrimientos, pero pronto los objetivos cambiaron, convirtiéndose en zonas de exterminio y saqueo, los lugares por donde pasaban.

Hablar sobre el saqueo que sufrió México por parte de los españoles durante trescientos años, desde la conquista de 1521 hasta la consumación de la independencia en 1821, es muy difícil, porque gran parte de la verdadera historia por la que cruzó el país durante la colonia trató de ocultarse, de acomodarse o definitivamente se prohibió que se conociese. De las riquezas que España saqueo de América un 80 % provenían de México, el otro 20 % del resto de las colonias, principalmente de Perú. Para darnos una idea de las riquezas que se llevó España de América durante la Colonia, baste recordar que esto convirtió a España en la primera potencia del mundo, con un ejército como ninguno, que le permitió defender sus tierras ganadas y realizar nuevas conquistas. Su ejército estaba formado por 240,000 efectivos, que actualmente, en el 2006, correspondería a tener un ejército de 4,000,000 de soldados, tres veces más que los soldados que tiene hoy el país más poderoso del planeta, Estados Unidos con 1,414,000 militares activos y también equivaldría a que México tuviera 20 ejércitos como el que tiene hoy. Ese gasto y muchos más fueron cubiertos con la inmensa riqueza que saqueo España de nuestro continente sin darle nada a cambio, impusieron su religión pero nosotros teníamos la nuestra, impusieron su lengua pero nosotros teníamos las nuestras, prohibieron el desarrollo del país pero sí extrajeron todo el oro y toda la plata que pudieron y a cambio de las bondades que les dio América la esclavizaron, la torturaron, la explotaron, la violaron, la enfermaron y sádicamente la vieron agonizar y morir y lo único que Europa hizo fue cruzar los brazos y contemplar su muerte, supliendo las manos indígenas por manos negras para el trabajo, la explotación y el saqueo, que era lo único que les importaba. Del año 1506 al año 1600, tan sólo en 94 años enviaron de México a España 6500 embarcaciones con distintos productos: esclavos, oro, plata, cobre, maderas preciosas, cacao, azúcar, especies, pieles, etc. En esos primeros 94 años de saqueo se enviaron 180 000 kilogramos de oro y 17 millones de kilogramos de plata. De la recaudación de los diferentes impuestos se juntaban cada año 20 millones de pesos, de los cuales 10 millones de pesos se empleaban en la administración en manos de españoles en la Nueva España, 3 millones de pesos se empleaban para ayudar a otras colonias de España en América y 7 millones de pesos se enviaban para el tesoro de la corona española, a parte de todo lo que saqueaban en productos. Estos tesoros saqueados del pueblo y de las tierras mexicanas sirvieron para dar fuerza a una de las más grandes vergüenzas del clero y de la humanidad, la Santa Inquisición. En diabólica complicidad, en 1798 la Corona española impone un impuesto al clero, a cambio de todos los privilegios que tenía, con ese impuesto se financiarían todas las guerras que tuviera que llevar a cabo el gobierno español para preservar sus dominios.

Así por 300 años saquearon del país todo cuanto pudieron. Uno de los hombres más crueles y sanguinarios que ha dado la humanidad, perdido u oculto en la historia escrita por españoles y algunos mexicanos conservadores, comparado quizá con Hitler, es el español y abogado, que la abogacía no lo educó y mucho menos lo humanizó, **Nuño Beltrán de Guzmán**, hombre soberbio, ambicioso, traidor, abusivo y cruel, que fue nombrado presidente de la primer Audiencia en la Nueva España, institución que utilizaba España para gobernar sus colonias. Esta primer Audiencia entró en funciones en 1529, tiempo en que Cortés ya había consumado la conquista y se encontraba fuera del país. Pero aquella primera Audiencia al mando de Nuño Beltrán de Guzmán, se dedicó a robar, a despojar, a asesinar trastornando el país. Esto propició que la Corona buscara establecer un virreinato en la Nueva España. Antes de establecerse en la Nueva España el primer virreinato, se mando una segunda Audiencia, la que traía la orden de arrestar a Nuño Beltrán de Guzmán , pero éste huyó de la ciudad de México hacía el occidente del país. Nuño partió con 300 españoles y 6,000 guerreros indígenas, pretendía colonizar el occidente y norte del país y conseguir hazañas más grandes que las conseguidas por Cortés al Conquistar México. Pero a su paso solo fue dejando saqueo, muerte y desolación. Asesino comunidades enteras que se negaban a entregar sus riquezas, capturó comunidades completas con hombres, mujeres y niños, que hacía llegar hasta Santo Domingo, desde donde eran embarcados a Europa para ser vendidos como esclavos. De los viajes de esclavos, que capturaba y hacía llegar hasta Europa cuando menos se sabe que enviaba 10 mil indígenas, entre hombres, mujeres y niños, cada año. Muchos de los cargamentos de esclavos indígenas, eran negociados en alta mar con piratas que posteriormente los revendían en Europa, porque siempre estuvo prohibido el tráfico de esclavos, pero siempre lo hicieron los españoles y el mismo Cristóbal Colón que lo llevó a cabo en las Antillas despoblando las islas en menos de 50 años. Cometiendo todo tipo de atrocidades Nuño Beltrán de Guzmán pasó por Jalisco, Zacatecas, Nayarit, Sinaloa y Sonora y en premio a su ruindad, la Corona española lo hizo gobernador de todas las tierras que descubrió y que fueron llamadas "Reino de la Nueva Galicia". Pero un título o un puesto del gobierno no iban a cambiar su forma de ser y continúo su brutalidad, su crueldad y su sanguinaria forma de ser. España lo dejó hacer cuanta barbaridad pudo, hasta que por fin se dieron cuenta del ser maldito que los representaba en la Nueva España y fue entonces que lo mandaron buscar para enjuiciarlo, pero logró burlarlos por segunda vez, escapando a la misma España donde murió en la miseria. El tráfico de esclavos llevado a cabo por Nuño Beltrán de Guzmán, fue otra de las principales causas que diezmaron la población indígena mexicana, la persecución y crueldad española con que se capturaba a los indígenas fue tan salvaje que muchas veces la población indígena prefería morir de muy distintas maneras antes que ser atrapada por los salvajes católicos europeos: ***hubo quien matara a sus hijos para evitar fueran esclavizados, se practicó el suicidio familiar y colectivo en las comunidades, muchas mujeres se provocaron abortos para esquivar también la esclavitud, muchas parejas detuvieron la procreación por varios años por medio de*** *la abstinencia sexual, muchos otros se aislaron de la sociedad a lugares desolados donde morían de hambre o enfermedades o morían por picaduras o mordeduras de animales venenosos o por ataques de animales salvajes, pero evitaban a toda costa ser esclavizados por los españoles.*

La misma cama de Moctezuma II fue embarcada para España, pero en el camino fue atacado el convoy que la llevaba y fue robada por el corsario francés Juan Florentín, pirata italiano de nombre original Giovanni de Verrazano, contratado por el gobierno francés para dedicarse a robar los embarques españoles cargados de mercancías que saqueaban de México y Centroamérica. Giovanni de Verrazano se inició en la navegación trabajando con españoles y portugueses en los primeros viajes de exploración de América y fue el primero que trabajando para Inglaterra, llegó a las costas de Norteamérica en 1524, pero aquellas tierras del norte de América, para él y para Inglaterra fueron consideradas muertas y desoladas. Pasó casi un siglo para que volvieran a intentar los ingleses venir a América, convirtiéndose en los primeros ilegales indocumentados en Norteamérica en 1607, al invadir tierras que correspondían en propiedad a España.

Todos los países de Europa estaban maravillados por las riquezas que recibía España de las Américas, esto movió la envidia y la codicia de varios países europeos y pronto se infestaron las aguas del océano Atlántico de piratas y corsarios: ingleses, franceses y holandeses principalmente, que la mayoría de las veces corrieron con suerte logrando robar la carga de las naves españolas y huyendo a resguardo de sus gobiernos cómplices y protectores; pero cuando llegaban a capturarlos, se les daban muertes ejemplares o eran castigados cortándoles las manos, los pies, la nariz y las orejas, a otros más se les untaba miel y se les amarraba a un árbol, donde se les abandonaba para que fueran torturados por los insectos del lugar.

Existiendo la corrupción desde la llegada de los españoles a América por las muchas actividades prohibidas y que ellos de todas forman llevaban a cabo, en el tráfico de esclavos participaron muchos españoles, al mando primero de Cristóbal Colón y más tarde de Nuño Beltrán de Guzmán, quienes mantenían contacto con los piratas ingleses, franceses y holandeses, *a quienes se los vendían a 2 pesos de oro por cada esclavo.* La corona española con una doble moral, por un lado mandaban sus ordenanzas que obligaba a los españoles a respetar a los indígenas y por otro lado exigía rendimientos, riquezas y ganancias no importando la forma.

Capítulo 10

ESPAÑA, MADRE PATRIA O PATRIA MALDITA

Madre patria, ¿Madre patria, para quién? Sólo para los españoles que vinieron a explotar a América. Perdón a explorar a América. España no fue madre ni para sus hijos nacidos aquí, los llamados criollos. Los criollos en América ya no tuvieron los mismos derechos que los españoles nacidos en la península Ibérica. Pero para los indígenas, España fue peor que una madrastra frustrada, fue una exterminadora, una inquisidora, confabuladora, ambiciosa, codiciosa, cínica, sádica, traidora, hereje, abusiva, saqueadora, fue la encarnación del mal para someter a los indígenas. Ordenó que no se traficara con esclavos y cuando menos un siglo lo hicieron. Los reyes católicos ordenaron que no se esclavizaran y tres siglos lo hicieron. Carlos V, en 1543 promulga que el indio debe ser tan libre como el español y tres siglos se le negó su libertad. Se les ordenó buen trato y cuidado del indígena, y 90 años después de la conquista ya habían acabado con 29,000,000 de indígenas mexicanos cuando menos. El holocausto alemán encabezado por Hitler no fue nada comparando la desaparición de 6,000,000 de judíos con los 29,000,000 de indígenas mexicanos. Quizá Hitler fue más rápido, pero los españoles fueron 5 veces más efectivos, traidores, salvajes y sanguinarios.

Es hasta el 6 de diciembre de 1810 cuando un cura criollo, Miguel Hidalgo y Costilla, el primero de los 200 curas que participaron en el movimiento de independencia de México, proclama la abolición de la esclavitud en la Nueva España. Solo 200 curas tuvieron la capacidad de raciocinio para entender que para su supuesta patria eran un indígena más, porque los indígenas no eran considerados seres humanos sino propiedades, de esta manera tanto los ingleses para los indios norteamericanos, como los españoles para los indígenas, consideraban que no podían existir derechos humanos para una propiedad. Los ingleses se fueron todavía más lejos al querer acondicionar varias islas en Norteamérica, para la cría de negros, ya que consideraban saldría más barato que traerlos de África. Pero volviendo a aquellos 200 curas que tuvieron el valor de enfrentarse a la Iglesia Católica, Iglesia que en todo momento estuvo al lado de los españoles sin importar sus brutales herejías y posteriormente, después de la independencia continúo al lado de los ricos, de la gente en el poder y lo que fue el colmo de las traiciones y de las herejías, en plena guerra entre México y los Estados Unidos de Norteamérica, la Iglesia Católica se alió a los protestantes norteamericanos con el fin de que no tocaran sus propiedades en México, eso era lo que más les importaba y al parecer ha sido el interés supremo en toda la historia de la vida de la iglesia, que tristeza. Predicaron que no se ofreciera resistencia al invasor norteamericano y llegaron a amenazar con la excomunión a aquellos que lo hicieran. Pero la proclama, sobre la abolición de la esclavitud, de Miguel Hidalgo no se concretó hasta 1829 ya al final del mandato de nuestro primer presidente republicano Guadalupe Victoria. En 1817 Fernando VII, rey de España, prohíbe la introducción de esclavos en cualquier colonia española. Pero esa ordenanza hecha por Cédula Real nunca se hizo cumplir y el tráfico de esclavos continúo de contrabando.

Más que la Madre Patria, como no se quien la bautizaría, yo le llamaría la Patria Maldita. Esa que casi nos deja para estudio exclusivo de la Antropología, que nos puso a un paso de ser una especie en peligro de extinción, que impuso su lengua de 7,000,000 de hablantes contra la de 30,000,000; que montó sus templos sobre los nuestros, cuando no los destruyó; que con un frente de 15,097 frailes impusieron su religión creyéndola mejor, la única, la definitiva, sin importar que para imponerla se tenía que someter y muchas veces hasta matar para escarmiento de los demás como lo hacían sobre grandes grupos de indígenas paganos. Esa fue una labor para la que estaba muy bien entrenado el fraile Eusebio Kino, quien con engaños de recibir algún regalo o despensa para la familia, lograba congregar una gran cantidad de indígenas para luego ser masacrados por los fusiles de españoles. O aquel experimento de los frailes en que después de establecer la educación superior en la Nueva España, destinada principalmente para los españoles y criollos, permitieron el ingreso de algunos indígenas que llegaron hasta el nivel superior y habiendo concluido sus estudios superiores sobrepasaron las expectativas de los frailes y de los españoles, porque los indígenas superaron con mucho a los españoles y criollos. Desde ese momento, quedó estrictamente prohibida la educación superior para los indígenas, porque se podrían convertir en un peligro para la Iglesia, para los españoles y criollos y para el mismo gobierno español. Así, sin saber siquiera leer, nunca se despertaría la curiosidad de conocer los miles de libros que la Iglesia Católica tenía prohibidos, por la información que contenían, porque "era dañino" para la fe y la moralidad de los cristianos. De esta manera, desde 1590 hasta 1948 público 30 índices de libros prohibidos, en su último índice prohíbio más de 4000 libros. Algunos de los autores prohibidos fueron: Enrique

VIII, Martín Lutero, John Calvin, Galileo, Rousseau, Voltaire, Montesquieu, Diderot, Boccachio, Zuinglio, Hus, Dante, Maquiavelo, Savonarola, Tomás Moro, Miguel de Cervantes, Fernando de Rojas, etc. etc. Pero nuestro presidente indígena don Benito Juárez García se les coló a los encargados de vigilar que los indígenas no se prepararan más allá del silabario y verdaderamente si fue un peligro para los ricos descendientes de españoles y para la misma iglesia. Pero a partir de él ya nadie lo ha hecho. Hoy el control está dado y está en manos de la "Agencia Especial del Salario Mínimo", con mejores resultados para el gobierno mexicano y para la misma Iglesia Católica, ésta "Agencia" ha sido capaz de mantener casi 100 millones de los 105 millones que somos, con una supereducación de dos años de kinder, seis de primaria y uno de secundaria esto es, plastilina aprobada, silabario y aritmética avanzada y primer curso especializado de vicios y drogas. Con esta supereducación ya son capaces nuestros ciudadanos de contar los días de trabajo de la semana y poder conocer los 50 pesos diarios de salario que se ganan después de un duro día de trabajo. Esta educación es más que suficiente para ser un buen cristiano y par ser un ciudadano ejemplar, de esos que no se meten en problemas, que nunca faltan al trabajo, que no discuten las ordenes, que nunca reclaman nada y que después de 30 años de rutinario trabajo, el IMSS los premia con una pensión y ya sin trabajar, solo por su dedicación al trabajo y por la buena voluntad del IMSS, dándoles de pensión 30 pesos diarios para vivir: 10 pesos diarios para comer, 5 pesos para mantenimiento de la casa que le otorgó el INFONAVIT, 5 pesos para transportes, 5 pesos para vestuario y todavía le sobran 5 pesos diarios para recreación: Disneylandia, Cancún, Reino Aventura, Las Hadas, Las Vegas, Tierra Santa, donde quiera, donde él sueñe y quiera ¿En qué parte del mundo hay empresas tan nobles con sus trabajadores? No se trate de un burócrata del IMSS, que lo jubilan con 150%, de su salario el cual de por si ya es alto, es alto y no se puede comparar con el salario mínimo del obrero, tienen tiendas de descuento para ropa y alimentos, tiene paquetes vacacionales especiales que casi solo ocupan ir o que quieran ir. Que bueno que nuestros burócratas tengan tan buenas prestaciones, pero no hay que ser abusivos, ni cínicos. Hay que emparejar las pensiones. Hay que emparejar los salarios de los obreros, con los salarios de los empleados de IMSS, que son quienes les pagan al fin de cuentas y los pensionan. El petróleo es de todos, México es de todos los mexicanos, no solo de los burócratas.

Barco tras barco, indígena tras indígena como hormigas siendo usados para saquear su propia tierra, cargaban los barcos llenos de riquezas para ser llevados a España la Maldita y la Maldita tenía prohibido toda clase de desarrollo dentro de nuestro país, instalar fábricas, acuñar monedas, comprar productos a otros países aunque estuvieran más baratos y fueran de mejor clase y calidad.

Se nos esclavizó en las encomiendas, en las que a un español se le entregaba un grupo de indígenas para que le trabajaran en actividades agrícolas a cambio de alimentarlos y evangelizarlos. Quisiera saber si alguno de los españoles que vinieron estaba evangelizado, yo lo dudo mucho, no se diga de las primeras embarcaciones en que vaciaron las cárceles de España obligándolos a embarcarse en un viaje a lo desconocido. El español representante fiel de la Maldita, explotó al indígena hasta la muerte, mal alimentándolo y sometiéndolo a jornadas extenuantes por lo que pronto perecían. Los muertos no importaban, tan pronto se morían se reportaban y al instante eran repuestos como cualquier objeto o mercancía y no había un límite de reposiciones.

Cuando se inició el tráfico de esclavos negros a México, se empezaron a traer porque ya casi habían exterminado a los indígenas mexicanos y se ocupaba mano de obra en abundancia y que no les costara. Considerando que los esclavos negros eran más resistentes y más fuertes que los indígenas, se les dio preferencia para muchos trabajos como: la minería, en los obrajes y en los ingenios. Una vez que aprendieron, los esclavos negros, fueron usados como capataces para manejar y someter a los indígenas. Ahora el esclavo negro, con el poder en la mano concedido por los hijos de la Maldita, imitando a su amo dio un trato brutal y salvaje a los indígenas. El salvaje se hizo más salvaje o el salvaje solo dejó aflorar sus instintos. En ese tiempo había un dicho que se manejaba en la Nueva España:

"Un negro puede hacer dar vueltas con un dedo a doce indios"

Pronto los esclavos negros, que ya no eran esclavos aprendieron la brutalidad española y desquitaron todos sus viejos rencores contra la población indígena mexicana. Posteriormente, muchos esclavos negros fueron enlistados en el ejército español y si al final de una batalla, donde se les mandaba al frente, conseguían salir con vida, se les concedía su libertad, se les proporcionaban tierras para trabajar por su cuenta y se les hacía una encomienda de indígenas.

Que maldita la Maldita, hasta que punto llevó al indígena mexicano, a terminar siendo esclavos de los esclavos, ésta es la más grande maldición que puede sufrir un pueblo y ésta maldición es la que permitió, propició y favoreció la maldita patria de España.

ESPAÑA PATRIA MALDITA

Los recibimos en Veracruz
a aquellos blancos barbados,
se les recibió a toda madre
y ellos nos hicieron esclavos.

¿Hermanos de Quetzalcóatl?
que anunciaron los toltecas,
llegaron partiendo madres
a gentes y a reyes Aztecas.

Nos cambiaron baratijas
por oro y plata labrados,
la ambición la traían de a madre
pronto todo nos saquearon.

De mil formas trataron
acabar la población.
Pueden ver ¡Qué poca madre!
Fue peligro de extinción.

De treinta millones de gentes
quedó menos de un millón,
Quedó, quedó pura madre
¿y la evangelización?

Explorar y conquistar,
era la causa bendita;
pero el saqueo y la barbarie
fue el tenor de la patria Maldita.

Capítulo 11

ONCE, UN NÚMERO CABALÍSTICO PARA MÉXICO

A este capítulo Once le correspondería ir más adelante, cuando el lector ya conociera el total de las circunstancias por las que el número Once ha sido para México un número lleno de misterios y de tragedias a través de su historia, pero está aquí para ser congruente con el número de capítulo.

CUAUHTEMOC EL ONCEAVO EMPERADOR AZTECA

El número Once empieza a aparecer en la historia de México con el número de emperadores que tuvo el Imperio Azteca. Después de ser derrotado por el ejército español, terminando con el Imperio y aprehendiendo a su último rey, el Onceavo emperador Cuauhtemoc, este permaneció en calidad de rehén de los españoles los siguientes cuatro años, mientras Cortés conocía todos los dominios del Imperio Azteca y para evitar sublevaciones del pueblo Azteca mantuvo a Cuauhtemoc secuestrado. Finalmente fue asesinado por los españoles por creer que Cuauhtemoc y otros jefes mexicas conspiraban contra Cortés.

CRISIS ONCENAL

Por el año de 1786 la población mexicana venía padeciendo una crisis por las condiciones del tiempo de tipo periódica, es decir, se presentaba cada 11 años con muy pocas lluvias y con muy intensas heladas, lo que provocó que las tierras se encontraran áridas y casi ausentes de vegetación. Estas condiciones obligaron a que la población se alimentara con las pocas hierbas o raíces que podía encontrar, lo que ocasionó una gran mortandad, aproximándose a los 100,000 muertos. Para algunos padres fue tanta la necesidad que llegaron a vender a sus hijos e hijas en dos o tres reales.

JAMES KNOX POLK, ONCEAVO PRESIDENTE NORTEAMERICANO

James Knox Polk, nació en Carolina del Norte en 1795, fue hijo de inmigrantes ingleses, ilegales, indocumentados y presbiterianos, quienes profesaban que el único camino correcto es hacia Dios, bien claro se lo dijeron hacia Dios no hacia las tierras de México, estaba tontito el güerito. Estudió la carrera de abogado, en 1839 fue gobernador de Tennessee y en 1844 ganó las elecciones para presidente de los Estados Unidos. Ya en el poder fue un verdugo implacable, considerado el campeón norteamericano del expansionismo. En su período presidencial creo todas las condiciones necesarias para poder quitar, robar y despojar a México 2.4 millones de kilómetros cuadrados, más de la mitad del actual territorio mexicano. Pero gracias a Dios, Polk contaba con una precaria salud, que tres meses después de terminar su mandato lo puso en cama y se lo llevó al cielo propulsado por el más potente chorro fecal amibiano-tifoideico que lo mató. De seguir vivo James K. Polk, probablemente su país se llamaría Estados Unidos de Norte-centro-sudamérica. Entonces sí se hubiera cumplido la Doctrina Monroe, que decía que América era para los americanos y ya no quería que más europeos vinieran a colonizar América, si ellos no respetaron la Bula del papa Alejandro VI, menos iban a respetar las palabras de ese hipócrita. A Monroe, por un momento le funcionó el cerebro al decir que América era para los americanos, porque ellos no son americanos y América le corresponde a los americanos. Todos los anglosajones de América eran ingleses o alemanes lo que más les guste a ellos y serán americanos hasta el día que acepten vivir en armonía con los verdaderos americanos. Mientras no se quiten la capa del Führer, jamás serán aceptados como americanos y jamás habrá armonía en esta tierra donde respiramos 24 horas diarias.

Aquellos territorios que perdió México, se perdieron por abandono, descuido y despreocupación del gobierno mexicano. A 160 años de distancia la situación de muchas tierras del sur del país no ha cambiado y tenemos en las montañas, indígenas en las condiciones más extremas de pobreza, mientras en el gobierno tenemos a los funcionarios más caros del mundo. Esto convierte a los burócratas, por sus resultados, en los más ineptos, los más irresponsables y los más cínicos del planeta.

ONCE AÑOS DE LUCHA POR NUESTRA INDEPENDENCIA

Muchos años antes del año 1810 hubo muchas rebeliones encabezadas por indígenas, criollos, castas (mestizos, mulatos, zambos) y los mismos españoles, todos siempre buscando liberarse del yugo de la corona española. Pero es hasta la madrugada del 16 de septiembre de 1810 que formalmente inicia el movimiento de Independencia de México y auque el movimiento estaba planeado para iniciarse el 2 de octubre de 1810, tuvo que adelantarse debido a que el gobierno español se enteró de los planes que se pretendían llevar a cabo por algunos criollos, algunos militares y algunos curas. Esta lucha duró 11 años en la que murieron 600,000 mexicanos entre: criollos, castas e indígenas. También murieron once de nuestros principales héroes de la independencia:

Etapa I (1810-1811)
   1.- Miguel Hidalgo
   2.- Ignacio Allende
   3.- Ignacio Aldama
   4.- Mariano Jiménez
   5.- Mariano Abasolo

Etapa II (1811-1815)
   6.- José María Morelos
   7.- Hermenegildo Galeana
   8.- Mariano Matamoros

Etapa III (1815-1817)
   9.- Pedro Moreno
   10.- Servando Teresa de Mier
   11.- Francisco Javier Mina

Once años de lucha, interrumpida solo por la muerte de aquellos hombres que anhelaban la libertad para ellos y para su pueblo, pero siempre hubo alguien detrás de ellos que no dejó que se apagara la mecha de la lucha. Así, el 27 de septiembre de 1821 se vio consumada nuestra Independencia, con el Tratado de Córdova firmado por Guerrero e Iturbide por parte de la Nueva España y por Don Juan de O´Donojú por parte de España.

ANTONIO LOPEZ DE SANTA ANNA, ONCE VECES PRESIDENTE DE MÉXICO.

Solo el pueblo mexicano puede aguantar tanto. Una de las grandes virtudes que nos inculcaron los frailes españoles durante la Colonia y durante la etapa en la que se nos sometió a la evangelización. Aguantar, tolerar, ¿virtud? Poner la otra mejilla después de recibir una brutal bofetada, volver a recibir otra bofetada y cambiar de mejilla, y cambiar de mejilla, y cambiar de mejilla y así sucesivamente **Once veces**. Esto nos lo hizo Antonio López de Santa Anna y nos dejó como señora de cabaret con las mejillas rojas, rojas.

Después de que los españoles casi nos exterminan en nuestra propia tierra y al darse cuenta que ya no tenían quienes les trabajaran las tierras, las minas, los ingenios, quienes los cargaran en el lomo, porque caminar les cansaba y ensuciaban sus piesecitos, ya no tener a quien golpear y en quien desahogar sus frustraciones, hasta entonces entendieron y trataron de respetar la ordenanza que los reyes católicos mandaron desde el principio del descubrimiento de América. Pero tardaron 90 años en entenderlo, cuando la población indígena de México casi estaba extinta. Aquel mandato de cuidar, proteger, instruir y evangelizar, lo tradujeron en maltratar, descuidar, destruir, explotar, toda la maldad imaginada la aplicaron en los indígenas. El día que los frailes nos evangelizaron y cubrieron con sus sotanas nos acabaron de destemplar el carácter recio y firme, tipo chichimeca, que tenían todas las tribus emigrantes que viajaron del Lago Salado de Utah al Lago Salado del Valle de México.

Veracruz nos heredó una fichita, muy probablemente zempoalteca, Antonio López de Santa Anna Pérez Lebrón, que nació el 21 de febrero de 1795. Ingresó al ejército como cadete a los 15 años de edad y luchó primero contra los insurgentes en 1810, Iturbide lo nombra Coronel; posteriormente luchó al lado de las tropas Insurgentes y Vicente Guerrero lo hace General de División. Se caracterizó por ser un oficial temerario, indeciso y cruel. En 1833 ocupa la presidencia de la república por primera vez y de ahí en adelante se vive el caos más grande que ha tenido este país, alternándose la presidencia con amigos y enemigos, quitando y poniendo presidentes interinos, sufriendo y llevando a cabo golpes de estado, desterrándose y buscando ser perdonado para regresar. Finalmente regresa de su último destierro de Colombia, para morir el 21 de junio de 1876 en la ciudad de México. Santa Anna ocupó la presidencia 9 veces como presidente y 2 como presidente interino, once veces:

1.- Mayo-junio de 1833
2.- Junio-julio de 1833
3.- Octubre-diciembre de 1833
4.- Abril de 1834 a enero de 1835
5.- Marzo-julio de 1839
6.- Octubre de 1841 a octubre de 1842
7.- Marzo-octubre de 1843
8.- Junio-septiembre de 1844
9.- Marzo-abril de 1847
10.- Mayo-septiembre de 1847
11.- Abril de 1853 a agosto de 1855

Apenas consumada nuestra independencia, Estados Unidos comienza a enviar funcionarios a México con la propuesta de comprar todos nuestros territorios del norte. Santa Anna entra y sale del gobierno a su antojo, nombra y desconoce congresos y se empeña en formar un gobierno cada vez más centralista. Todo este caos ocasionado por el mal nacido zempoalteca de Santa Anna, condujo a la pérdida de todos los territorios del norte: California, Nevada, Arizona, Utah, Nuevo México, Texas, más de la mitad de colorado y parte de Wyoming, Oklahoma, Kansas y Nebraska. Pero no solo el norte perdimos, también en el sur perdimos varios países de Centroamérica que se habían anexado a México después de consumada la independencia, pero que con aquel caos decidieron seguir su destino lejos de México y libres de Santa Anna Pérez Lebrón.

ONCE DÍAS SIN PRESIDENTE

Del 21 de septiembre de 1821 al 30 de noviembre del 2006, con la conclusión del mandato del presidente número 89 Vicente Fox Quezada, habremos pasado 67,960 días con un monarca, una regencia o un presidente al frente de nuestro país. Sin embargo, 11 días en la vida de nuestra nación transcurrieron sin presidente al frente; justo en la culminación de la guerra entre México y Estados Unidos, del 16 de septiembre de 1847 hasta el 27 de septiembre del mismo año. Esta ausencia presidencial se la debemos ni más ni menos que al traidor número uno en la historia de nuestro país, Antonio López de Santa Anna. "El traidor", desde varios meses antes ya había hecho las negociaciones desde Cuba, para la venta de más de la mitad de nuestro país y solo regresa de su exilio en Cuba para tomar el poder y simular una falsa guerra contra los Estados Unidos, pero la venta ya estaba pactada. Así sin decir adiós, el día 16 de septiembre de 1847, dos días después de que las fuerzas norteamericanas habían terminado de tomar el país y poner a ondear su bandera en el zócalo de la Ciudad de México, Santa Anna sale huyendo con 4000 hombres hacia el puerto de Veracruz, pero no huía por temor al ejército norteamericano, sino al gobierno mexicano que ya planeaba hacerle consejo de guerra. Solo se exilio "el traidor", primero a Haití y posteriormente a Colombia. Mientras tanto, el país quedaba sin presidente, que eso y nada era lo mismo, y sin congreso, por lo que tuvo que tomar posesión del máximo cargo de la nación y de acuerdo con la constitución, el presidente de la suprema corte de justicia el general Manuel de la Peña y Peña, quien anuncia a todos los gobernadores de los estados que toma el máximo cargo el día 27 de septiembre de 1847. Con una guerra perdida, un presidente desaparecido y un pueblo vencido y confundido, en Washington se inicia el movimiento que se conoció como "All Mexico" (Todo México) y en Europa se daba por hecho la desaparición de nuestro país.

ONCE ESTADOS NORTEAMERICANOS, MEXICANOS

Once fueron los estados que se formaron con el territorio que Estados Unidos arrebato al pueblo mexicano después de la guerra de 1847. Guerra inventada por los norteamericanos, conociendo la debilidad militar de nuestro país y la gran riqueza que guardaban esas tierras, seguros de que no teníamos oportunidad de darles batalla, que perderíamos la guerra y nuestras tierras que tanto deseaban pasarían a sus manos. Inicialmente se quedaron con tres estados, California, Nuevo México y Texas. Posteriormente de Nuevo México se formo: Nevada, Utah, Arizona, Colorado y Nuevo México. De Texas y Nuevo México se tomo territorio que quedo como parte de los estados de Wyoming, Nebraska, Kansas y Oklahoma. Fueron once los estados que se formaron totalmente o parcialmente con territorio mexicano perdido en aquella fatídica guerra de 1847 contra el gobierno y el ejército norteamericano.

ONCE PESOS MEXICANOS POR DÓLAR, 2006

Ese billete verde lleno de símbolos masónicos, tan anhelado por unos y tan odiado por otros. Y pensar que en 1821 apenas consumada la independencia de México, el peso mexicano valía más que el dólar. Por cada peso mexicano, los norteamericanos tenían que pagar un dólar y tres centavos. Esta paridad se mantuvo desde 1821 hasta 1874, empezando la devaluación del peso a partir del gobierno de Porfirio Díaz y a la salida de su gobierno, el más largo de todos los gobiernos de México, 30 años, el peso ya se había devaluado un 50%; en 1911, sale Porfirio Díaz del poder, Francisco I. Madero llega a la presidencia y el dólar ya cuesta dos pesos. Con Venustiano Carranza en 1915 alcanza el valor de once pesos. En 1916 se vuelve a devaluar hasta los 23 pesos por un dólar y al año siguiente con el inicio de la primera guerra mundial se devalúa el dólar hasta 1.97 pesos por dólar. De ahí en adelante nuestro peso se ha ido devaluando ya sin recuperación. En 1954 volvió a cotizarse en 11 pesos por un dólar y de ahí se fue hasta los 3094.08 pesos por un dólar en el gobierno de Salinas de Gortari, quien decide quitarle tres ceros a la moneda para no verse tan mal en la historia, pero la moneda continúa devaluándose hasta los 11 pesos por dólar manteniéndose más o menos en esa paridad desde el 2003 hasta el 2006, que en realidad deberían ser 11,000 pesos por un dólar si no le hubieran quitado los tres ceros al peso mexicano, ¡Qué vergüenza! nos diría nuestro presidente mulato Vicente Guerrero, ya que en su gobierno siempre tuvo más valor el peso que el dólar. Estas devaluaciones son un reflejo y una denuncia pública de la inestabilidad, incapacidad y debilidad de nuestros gobiernos de los últimos 150 años. Hoy, hoy, hoy ¿Que hizo Vicente para revaluar el peso? y no habló de Vicente Fernández uno de nuestros orgullos nacionales quien ya se fue del país por haber sufrido en carne propia la inseguridad que reina por todo el país y por supuesto tampoco me refiero a ese gran presidente mulato. Y nuestra justicia, la más cara del mundo ¿Que hace?

SALARIO MÍNIMO NORTEAMERICANO
ONCE VECES EL SALARIO MEXICANO

Si actualmente en la mayoría de los estados norteamericanos ganan a 6.75 dólares por hora, por 8 horas y a 11 pesos la paridad, tenemos que un paisano que gane el mínimo en los Estados Unidos, gana 594 pesos por día.

Comparado con el salario mínimo en nuestro país que anda entre 50 y 55 pesos diarios, nuestro paisano gana 11 salarios mínimos diarios allá en los Estados Unidos. Gana aproximadamente 12,000 pesos mensuales, lo que gana un médico en el sector salud o muchos profesionistas en la industria privada.

Ganar once veces el salario mínimo coloca a nuestros paisanos en un selecto grupo de mexicanos de los que hay muy pocos en México. Hay más mexicanos en el extranjero con esos supersalarios que los que existen en México. La siguiente tabla nos hace ver claramente el privilegio de nuestros paisanos.

Salarios mínimos que gana un trabajador	Número de personas
Menos de 1 salario	7 millones de mexicanos
De 1 a 2 salarios	11 millones
De 2 a 3 salarios	5 millones
De 3 a 5 salarios	3.3 millones
Más de 5 salarios	2.5 millones

Esta tabla nos muestra como nuestros paisanos son "los elegidos", unos privilegiados. Bien por ellos y sus familias, y que aprovechen esa oportunidad que quisieran tantos mexicanos que terminan siendo deportados o muertos en el intento de pasar al vecino país, y otros tantos que no se atreven por no perder lo poco que tienen o simplemente no tienen ni para llegar a la frontera norte, mucho menos para pagar la cuota de 3000 dólares por hacerse llegar hasta algún lugar de trabajo dentro de los Estados Unidos.

ONCE PESOS DIARIOS PARA VIVIR 31.5 MILLONES DE MEXICANOS

7 millones de mexicanos ganan un salario mínimo o menos por día. Con ese salario tienen que mantener una esposa y 2.5 hijos en promedio. Esto es, con 50 pesos tienen que vivir 4.5 personas, por lo que le corresponde a cada persona 11.11 pesos, *un dólar diario para vivir*. Esto coloca a 31.5 millones de mexicanos en pobreza extrema y creé el gobierno que con las limosnas que reparte con sus programas populistas y paternalistas la gente ya no es pobre. A la gente hay que prepararla para el trabajo, y sobre todo proporcionarle ese trabajo, que pueda ser útil para el país, no arroparla y darle un pedazo de pan que sólo la convierte en una carga y propicia el conformismo para toda la vida.

ONCE MILLONES DE MEXICANOS MANTIENEN A SUS FAMILIAS CON 16 PESOS DIARIOS.

Once millones de mexicanos trabajan y ganan en promedio 1.5 salarios mínimos, lo que equivale a 75 pesos diarios, que para una familia de 4.5 integrantes le corresponde a cada integrante 16.70 pesos diarios. Esto corresponde a vivir con dólar y medio diario por persona. Pero estos 11 millones de trabajadores mantienen a 49.5 millones de mexicanos, casi la mitad de la población mexicana. Los organismos internacionales han clasificado como pobre a aquellas personas que viven con menos de dos dólares. Por lo tanto, los mexicanos que viven con menos de un dólar son 31.5 millones, más los que viven con menos de dos dólares 49.5 millones nos da un total de 81 millones de pobres, pero sólo arrebatándoles el fruto de su trabajo, la parte que les corresponde de este país tan rico y con un gobierno tan caro, tan corrupto y tan cínico, puede haber tantos pobres y tan pocos ricos.

ONCE MINISTROS DE LA SUPREMA CORTE DE JUSTICIA

Por ley se establece en la Constitución de 1824 que la Suprema Corte de Justicia se compondrá de once miembros. Pero doscientos años de mal gobierno, de burlarse del pueblo, de burlarse de la misma ley, quienes las hacen y quienes las deben hacer cumplir, aquellos once miembros se convirtieron en 26 miembros de la Suprema Corte mexicana en el año 1995. Este hacinamiento de ministros, lo único que ocasionó fue una inmensa concentración de poder que terminó en la penetración de la corrupción a todo el gobierno y dentro de la misma población. Desde el exterior vino una sugerencia para el presidente Ernesto

Zedillo por parte del Banco Mundial, para que disolviera aquella Suprema Corte de Justicia, crecida como vaca gorda, corrupta e inútil. Por fin, se disolvió y de aquellos 26 miembros solo quedaron dos, los de intachables procedimientos y comportamientos: Mariano Azuela Güitron y Juan Díaz Romero. Que supuestamente no se mancharon, aunque por años anduvieron entre la porquería y que también nunca tuvieron el valor de atreverse a limpiar el cochinero en el que navegaban antes de que desde el exterior nos lo hicieran notar. De acuerdo con la Constitución de 1824 se vuelve a reestablecer la Suprema Corte de Justicia con sus 11 miembros.

Pero estos once ministros mexicanos mantienen un privilegio que ningún mexicano posee. Porque en un país de 81 millones de pobres que viven con menos de 16 pesos diarios, como es posible tener un funcionario que gana 13,333 pesos diarios ¿Qué saben hacer? Nada, porque la justicia en México es un completo fiasco. Ganan con lo que viven 833 mexicanos diariamente, y se lo pagamos a un solo individuo que dirige la justicia en México, donde la justicia tiene un precio y no es ciega, que no nos mientan porque clarito que ve hacia donde hay dinero y pela más los ojos mientras más dinero hay. Tenemos justicia tapatía de ojos grandes, redondos y penetrantes como las tapatías, sin ofender a nuestras hermosas mujeres de Jalisco. Si se les pagara a los ministros por la productividad y efectividad de la justicia, engrosarían las filas de los pobres extremos, en verdad que no se merecerían más de once pesos por día. Y En últimas fechas se les ha premiado con bonos de productividad de más de cuatro meses de sueldo, un nada despreciable "bonito" de 1,600,000 pesos para cada ministro baquetón, un obrero ocuparía trabajar 32,000 días para ganar el dinero de ese bono, en otras palabras trabajar sin descanso 87 años para juntar lo del bonito bono, toda una vida por un bono, ¿Productividad?. Falso que esto que vivimos sea una democracia, donde el pueblo manda. Quien les autoriza a estos individuos esos exorbitantes sueldos, prestaciones, bonos ¿El pueblo? México es el país con la democracia más falsa del mundo. A un ministro le aseguran 15 años de trabajo a 4,000,000 el año percibirá 60,000,000 de pesos en su periodo, un simple obrero gana 18,250 pesos por año, por lo que ocuparía trabajar 3287 años para ganar los 60,000,000 de pesos del "señor ministro", si pensamos en la esperanza de vida del país, que es de 70 años, el obrero ocuparía vivir 47 vidas, en otras palabras, cada ministro se traga la vida de 47 hijos del obrero.

ONCE DE SEPTIEMBRE, (9/11)

(9/11) el acto terrorista más brutal contra los Estados Unidos llevado a cabo el once de septiembre del 2001, en la ciudad de Nueva York en la Gran Manzana, contra las Torres Gemelas donde se encontraba el principal centro financiero de los Estados Unidos y del mundo. Las dos torres median 411 metros, tenían 110 pisos y junto con cuatro edificios más formaban la plaza del World Trade Center. Las dos torres se encontraban habitadas permanentemente por aproximadamente 55,000 personas, empleados de 600 compañías. Pero la mañana del once de septiembre del 2001 fueron secuestrados cuatro vuelos: 11, 175, 77 y 93, estos vuelos con características de misiles humanos fueron dirigidos sobre diferentes blancos, estrellándose contra las Torres Gemelas, contra el Pentágono, contra Campo David y 27 edificios más de alrededor de las Torres Gemelas, dejando 2986 muertos.

Este ataque terrorista aumento las medidas de seguridad, como nunca, en todas las fronteras norteamericanas. Pero los primeros que resintieron esas medidas fueron nuestros migrantes, tanto los que van como los que vienen. Esto propicio que los que vienen, disminuyeran o limitaran las visitas a sus familiares en México y optaran por irse llevando sus familias poco a poco. Por otro lado, a pesar del aumento riguroso de la seguridad en las fronteras, la migración en vez de disminuir ha ido aumentando día con día, después del 11 de septiembre, debido a la recesión que se produjo en los Estados Unidos, el impacto en México fue una crisis tipo 1994 salinogortaresca. Quienes nos dedicamos a proporcionar algún servicio de tipo privado, pudimos ver reducido nuestro trabajo y nuestros ingresos hasta en un 70 % y a cinco años del atentado nuestra economía no se ha recuperado un solo centavo.

Capítulo 12

BREVE HISTORIA DE UNA INDEPENDENCIA MUY POSPUESTA

Después de tres siglos de dominio español, tratando de someter a una civilización que consideran salvaje con los métodos más salvajes hasta entonces conocidos: esclavizándola, violándola, trabajándola hasta tronar, desnutriéndola hasta morir, asesinándola hasta el exterminio. Los sobrevivientes, durante tres siglos llevaron a cabo algunas rebeliones, las que fueron contadas por otros con un poco de más suerte. Pero no sólo los indígenas y castas eran sujetos de marginación y racismo por los españoles peninsulares, sino también los españoles nacidos en la Nueva España llamados criollos. La marginación y falta de oportunidades que sufrían los criollos fue creando un resentimiento contra los españoles y el clero, que los tenía reprimidos y limitados. Después de tres siglos notaron que no sólo a ellos se les marginaban, sino también a los indígenas, mestizos, mulatos y negros. Por otro lado, empezaron a sentir amor por ésta tierra a la que los españoles sólo querían saquear. Fue entonces que los criollos hicieron suyo el dolor del indígena y de las castas y creyeron que era el momento de cambiar de nombre a esta tierra que les pertenecía por haber nacido en ella. De ahora en adelante se llamaría México en honor a la unión de todos los pueblos mexicas, lugar donde habita Mextli o Huitzilopochtli el principal dios Azteca y quitarían el nombre de Nueva España, nombre que dio Cortés a la gran Tenochtitlán después de la conquista en 1521.

Se juntaron varios criollos con poder de convocatoria algunos ricos, otros militares, más de 200 clérigos por todo el país y dieron inicio al movimiento de Independencia. Entre Guanajuato y Querétaro se gestó el plan para dar inicio al movimiento. Todo estaba calculado para comenzar la lucha el 2 de octubre de 1810, los protagonistas era: Miguel Hidalgo, Ignacio Allende, Mariano Abasolo, Ignacio Aldama y Mariano Jiménez. Se vivía un tiempo lleno de incertidumbre, de intrigas, de traiciones y llegó a oídos del gobierno español la rebelión que se fraguaba, por lo que el gobierno se apresuro a buscar a los rebeldes y los organizadores del movimiento lo iniciaron antes de lo planeado, tocándole al cura don Miguel Hidalgo dar el campanazo de salida. En su iglesia de Dolores llamó a misa el domingo 16 de septiembre de 1810 a las 2 de la mañana. Miguel Hidalgo era egresado del colegio de San Nicolás, después de su graduación fue catedrático y director del mismo colegio. Ahí mismo, tuvo de discípulo a otro cura, a José María Morelos y Pavón, quien más tarde entraría en una segunda etapa de la lucha por la Independencia. Los primeros cinco héroes atacando por diferentes frentes iniciaron con 600 hombres y en su camino hacia la capital, a la que no pudieron llegar, lograron reunir 80,000 hombres. Se apoderaron de varias ciudades del centro del país, pero las fuerzas del gobierno español fueron muy superiores y acabaron con el movimiento de Independencia en menos de un año. Después de su última batalla, los líderes principales deciden dirigirse hacia el norte donde planeaban conseguir armamento más adecuado para enfrentar al gobierno español, pero son traicionados por Ignacio Elizondo, quien se había mezclado entre los insurgentes, siendo aprehendidos en el norte del país en un lugar llamado Noria de Baján, donde se les instruye proceso y son sentenciados a muerte. Allende, Jiménez, Aldama e Hidalgo fueron fusilados, decapitados, freídas sus cabezas en aceite, colocadas en una jaula de hierro en cada esquina de la alhóndiga de granaditas en Guanajuato. El cura Mariano Abasolo fue entregado al clero quien se hizo cargo de él. Así, los españoles acabaron con el movimiento en 10 meses, sabiendo que los movimientos muchas veces terminan "cortándoles la cabeza", estos españoles siguieron al pie de la letra las enseñanzas de la vida y cortaron en verdad la cabeza de nuestros primeros héroes: Hidalgo, Allende, Jiménez y Aldama.

Después de la muerte de nuestros primeros héroes hubo mucho desánimo, pero en el sur don Miguel Hidalgo y Costilla había dejado sembrada una semilla que lucharía tanto como los primeros insurgentes. El sur se encontraba en proceso de insurrección, encargada por Hidalgo a su discípulo el cura don José María Morelos y Pavón. Junto con Morelos otros dos grandes héroes del movimiento se le unieron: don Hermenegildo Galeana y el cura don Mariano Matamoros. Estos nuevos tres héroes junto con muchos más insurgentes controlaron el sur del país por más de cuatro años, de 1811 hasta el 22 de septiembre de 1815, en que Morelos es capturado y fusilado por el gobierno español. Sus compañeros de causa que iban al frente ya habían sido asesinados un año antes; don Mariano Matamoros el 3 de febrero de 1814 y Hermenegildo Galeana el 27 de junio de 1814. Así, terminó la segunda etapa de lucha por la Independencia con la muerte de Morelos, Matamoros y Galeana.

Pero hubo una tercera etapa de lucha por la Independencia en la que nuestra causa la hizo suya un extranjero, de nacionalidad española para variar. Esta tercera etapa fue llevada a cabo por el general español

Francisco Javier Mina, quien peleo para Fernando VII en la guerra de España contra Francia, guerra en la que fue capturado y hecho preso por varios años. Finalmente es liberado y en su regreso a España, Fernando VII lo designa para venir a luchar contra los insurgentes de la Nueva España, cargo al que se niega. Esto provoca que el gobierno español lo destierre y Javier Mina decide desterrase en Londres. Pero en Londres se encuentra con otro desterrado de la Nueva España, fray Servando Teresa de Mier, quien había sido desterrado por sus ideas liberales que expresó en la Basílica de Guadalupe de México. Así estos nuevos héroes se unieron y con varios más que compartían sus ideales partieron de Londres para llegar a Nueva Orleáns en los Estados Unidos. Ahí convencieron a más hombres de sus ideales y se embarcaron para llegar a la Nueva España y entrar por el puerto Soto la Marina en Tamaulipas. Pronto se pusieron en contacto con algunos grupos insurgentes que con mucha cautela seguían luchando. Uno de los principales jefes de esta tercera etapa y con el que tuvo contacto Javier Mina, fue Pedro Moreno, quien después de varias batallas ganadas muere en combate en el rancho el Venadito. Javier Mina encontrándose también ya muy activo en la lucha es capturado y fusilado en el fuerte de los Remedios el día 11 de noviembre de 1817. Así, termina esta tercera etapa de lucha en que los insurgentes, soñadores, resentidos y algunos aventureros creyeron, un movimiento anhelado por un pueblo hambriento de libertad. Y no eran para menos las múltiples derrotas de nuestros Insurgentes, cuando se estaba enfrentando a uno de los ejércitos más poderosos del mundo de su tiempo.

Por fin llegó la cuarta etapa encabezada por el general mulato Vicente Guerrero. Guerrero se había agregado al ejército de Morelos desde 1812, después de la muerte de Morelos se mantuvo en armas pero resguardado en la sierra, hasta encontrar mejores condiciones. Posterior a la muerte de Morelos una gran cantidad de jefes insurgentes tomaron el indulto ofrecido por el gobierno español y se retiraron a sus casas. Con esta falta de liderazgo, la mayoría de los insurgentes hicieron lo mismo. Pero Guerrero por años se mantuvo fiel al movimiento, ayudado por algunos pocos recursos de los pueblos indígenas y algo más de los criollos liberales se mantuvo en pie de lucha. Por años lo combatió el general español Armijo, pero nunca pudo vencerlo. Por lo que se designó al general Agustín de Iturbide, con los hombres más capacitados y las armas más modernas de su tiempo, pero tampoco pudieron vencer a Guerrero.

En 1820 España cruzaba por una profunda transformación en donde fructifican una gran cantidad de liberales españoles que obligan a su rey Fernando VII a que se rija por la constitución española de 1812. Fernando VII a su vez, ordena a sus virreyes y gobernadores de las colonias a que acaten la constitución. Pero a esa orden en la Nueva España, ya se habían adelantado los españoles peninsulares y el clero, quienes dirigidos por el padre Matías Monteagudo, formulan el Plan de la Profesa, por medio del cual buscarían la independencia de la Nueva España, pero para establecer una monarquía absoluta en nuestro país. De esta manera no perderían los privilegios que tenían los españoles peninsulares y el clero.

Ahora al clero y a los aristócratas de la Nueva España, más que a los mismos insurgentes, les interesaba la INDEPENDENCIA.

Ahora sí le interesaba al gobierno de la Nueva España, sin contar al Virrey, terminar con la guerra. Al ver que Iturbide no puede con Guerrero, planean una nueva estrategia y sugieren un encuentro entre Iturbide y Guerrero, ahora ambos peleaban por la INDEPENDENCIA, había llegado el momento en que sus ideales coincidían, de esta manera, sería más fácil llegar a un acuerdo. Por fin, se dio el encuentro, se reunieron en Acatempan donde sentaron las bases del Plan de Iguala.

Con este encuentro entre Guerrero e Iturbide, el virrey Apodaca consideró a Iturbide un traidor, Apodaca lo quiso combatir pero el Plan ya era conocido en todo el país, Apodaca ya no pudo hacer nada.

Entonces sucede algo nunca antes visto, los españoles y el clero destituyen al virrey Apodaca y nombran a Pedro Novella, mientras España enviaba otro representante. Así, España enviaría su último virrey don Juan O'Donojú, hombre de ideas liberales. Iturbide pide reunirse con el virrey y se firma el Tratado de Córdoba, por medio del cual se acepta el Plan de Iguala. Con la aceptación del Plan de Iguala y la entrada del ejército Trigarante a la ciudad de México el día 27 de septiembre de 1821, se considera consuma nuestra INDEPENDENCIA. Pero es, hasta el 8 de diciembre de 1836 cuando en Madrid se firma en Acuerdo de Paz y Amistad entre México y España y es entonces cuando por fin México consigue realmente su independencia de España.

El resultado de la lucha de Independencia fue:

a).- 600 mil muertos en combate en los 11 años de lucha.
b).- Una gran desorganización social.
c).- Fuga de todos los importantes capitales del país.
d).- Un severo desplome de la economía del país.
e).- Adquisición de la deuda de la Nueva España de 15, 18, 24, 45 o 74 millones de pesos, aún los historiadores no se ponen de acuerdo, pero cualquiera que halla sido la cifra, nunca se pudo pagar y probablemente en la vida de los que vivimos actualmente tampoco se pague.
f).- Una monarquía impuesta por los españoles peninsulares y el clero, hecha a su medida y encabezada por Agustín de Iturbide.

g).- Casi 4.5 millones de kilómetros cuadrados de territorio heredado.

h).- Más 450 mil kilómetros cuadrados de los territorios de Guatemala, El Salvador, Nicaragua, Costa Rica y Honduras, que se adherían a México y hacían la Independencia también suya.

Finalmente el poder siguió en manos de los ricos españoles peninsulares y del clero. La lucha continuo otros 100 años hasta la revolución mexicana del 20 de noviembre de 1910. Pero la lucha no paró y continuo otros 100 años más, hasta el 2006 en que a 81 millones de mexicanos pobres, se les hace vivir con menos de 16 pesos diarios, cuando tenemos la burocracia más cara del mundo y los ricos más ricos del mundo, esto sí es el verdadero fruto de la Independencia orquestada por la aristocracia y el clero de aquel tiempo, de la revolución que terminó con la creación de un partido que en setenta años fue el principal productor de ricos en el país, pero también el principal productor de pobres a gran escala en la historia del país.

Capítulo 13

LAS TRECE COLONIAS Y LOS ANGLOS

El origen más lejano del pueblo norteamericano se remonta a los pueblos germánicos que habitaban a las orillas del río Elba y río Rin, en las comunidades de Sajonia y en las de Jutlandia, no Juliantla de ahí es nuestro querido cantautor Joan Sebastián quien acaba de perder un hijo por la inseguridad que se vive también en Texas, donde se encontraban trabajando en un evento musical. Aquellos pueblos germanos eran muy bélicos e iniciaron su peregrinar a través de los mares del Norte en el siglo V, para llegar a los territorios de la Britania y un milenio después en el siglo XVI, nuevamente se hacen a la mar, ahora en aguas del océano Atlántico llegando a las costas de Norteamérica en 1607. Aquellos pueblos emigrantes descendientes anglosajutos habían dejado sus tierras buscando mejores condiciones de vida, que en el siglo V las encontraron en Britania, pero diez siglos después ya no son favorables y nuevamente buscan la tierra prometida, la que encuentran en Norteamérica, la invaden y se apoderan de ella sabiendo que eran dominios de España. Les importó un bledo la monarquía española, les importó un cacahuate la Bula del Papa Alejandro VI, mejor conocido como Rodrigo Borgia (que cargaba con una gran cola como de cocodrilo) y hasta la fecha pisotean los derechos de cualquiera para poner los de ellos por encima. Después de la Segunda Guerra mundial fueron los principales promotores para crear la ONU, organismo al que nunca han respetado, lo han manejado a su antojo y ni en conjunto los países han podido hacer que se respeten los derechos de los demás países. La ONU debería de cambiar de sede para que sea menos manipulada, en la luna o en el Sol quedaría perfecta. Al principio de nuestra era los romanos ocuparon la Britania, pero a la llegada de los anglosajones ya quedaban pocas villas con romanos por lo que pronto se apoderaron de Britania. Las nuevas tribus que llegaban a Britania eran: los anglos, los sajones, los jutos, los francos y los frisios. Estas tribus traían sus costumbres, sus dialectos, sus dioses, sus formas de gobierno. Sus dialectos germánicos dieron nacimiento al idioma Inglés. Por casi un milenio siguieron adorando a sus dioses: Woden, Thunor y Tiw. Esos dioses quedaron impresos para siempre en los nombres de los días de la semana inglesa. Implantaron una nueva organización político-civil. Pero en 1597, el Papa Gregorio VII envió la misión de San Agustín, con el fin de evangelizar a los anglosajutofrancofricios, acogiendo bien la religión cristiana y haciendo a un lado el politeísmo. Aquellos primeros emigrantes fundaron siete reinos en Britania. Los sajones fundaron Wessex, Essex y Sussex; los anglos fundaron los reinos de East Anglia, Northumbria y Mercia y los jutos fundaron el reino de Kent. En el año 991 la isla de Britania sufre una invasión danesa y noruega. Para el año 1066 la invaden los normandos franceses. Pero las tribus germánicas no pierden el dominio, Así con la aparición de clases sociales y de la aristocracia la cual busca poder transmitir sus riquezas a su descendencia, se propicia el nacimiento de las primeras monarquías inglesas. El rey Offa monarca de Mercía, es considerado el primer rey de Inglaterra. De esta manera, con las raíces de romanos, anglo, sajones, jutos, francos, fricios, daneses, noruegos, y normandos, nace el pueblo inglés quien entra en luchas internas por las precarias condiciones de vida de muchos y la acumulación de riquezas de otros. Además, aparecen nuevos credos religiosos que los van dividiendo y los más fuertes tratan de eliminar a los más débiles. Nuevamente la mejor válvula de escape para aquellos conflictos es la huída, es la migración practicada 10 siglos antes. En 1497 el gobierno inglés envía al italiano Jonh Cabot, que en su primer viaje a Norteamérica encuentra una tierra inmensa, pero desolada que no inspira confianza de un triunfo futuro, ni siquiera indios para capturar y traficar con ellos. Ya para esas fechas había un gran tráfico de negros e indígenas a través del Atlántico llevado a cabo por Inglaterra, Portugal, Francia, Holanda y España. España solita, sin ayuda de nadie, despobló en menos de 100 años, las islas del Caribe, México y todo Centroamérica. Después de despoblar sus principales colonias de América, inició la importación de esclavos negros para poder echar a andar su economía. Mientras eso pasaba entre España y la Nueva España, en Inglaterra iniciaba la monarquía de Enrique VIII (1509-1547), período en el cual Enrique entra en conflicto con la Iglesia Católica, desconociendo al Papa y expropiando todos los bienes de la Iglesia Católica para dar nacimiento a la Iglesia Anglicana, declarándose jefe supremo de la nueva iglesia. Increíble que por una mujer se halla fracturado la iglesia Católica. Enrique VIII, estaba casado con Catalina de Aragón y pretendía casarse con Ana Bolena, pero la Iglesia Católica no quiso anularle su primer matrimonio, esto enojó mucho a Enrique VIII que desconoció al Papa y construyó una iglesia a su medida. Enrique VIII esperaba una respuesta favorable a su petición por parte de la Iglesia Católica, la que vivía una vida rayada en el libertinaje, con un Rodrigo Borgia (Papa Alejandro VI) rodeado de mujeres y de hijos, una hija (Lucrecia

Borgia) la que casaba y descasaba a su antojo, buscándole maridos que aumentaran el poder del pontificado. Pero Enrique VIII, era otro loco desenfrenado como muchos Papas, cuando menos 39 papas que hasta fueron acusados o considerados herejes, Enrique que se casó seis veces consecutivas, tuvo dos divorcios, a dos mando ejecutar, una murió de parto y solo una le sobrevivió, la última se le escapó porque murió él primero. Posterior a la separación y fundación de la nueva iglesia, hubo una persecución implacable contra los seguidores de la Iglesia Católica llamados papistas y no fue menos contra los luteranos y calvinistas que empezaban a tomar fuerza en toda Europa. El Fraile católico Martín Lutero, también se acababa de separar de la Iglesia Católica, dando pie a la Gran Reforma Protestante y pronto tuvo una gran cantidad de seguidores. El Papa León X excomulgó a Lutero, Carlos V de España lo condenó a muerte, pero Federico de Sajonia lo protegió en su castillo de Wortburg. Martín Lutero tuvo muchos motivos para separase de la Iglesia Católica, entre ellos que no estaba de acuerdo con la venta de indulgencias que llevaba a cabo la iglesia Católica, con la compra y venta de cargos eclesiásticos, con la vida ligera y ostentosa con que vivía el clero romano, con la intriga, conspiración y venganza que se vivían dentro del clero, registrándose en más de una cuarta parte de los Papas muertes violentas. Papas mandados asesinar por el mismo clero, estrangulándolos, asfixiándolos, envenenados o muertos en manos de un esposo celoso. El clero estaba dominado por la corrupción, la violencia, el despotismo, el nepotismo y la prepotencia. Hoy todavía les queda mucho de eso.

Lutero tuvo muchos seguidores rápidamente, porque mucha gente estaba convencida que la fe cristiana necesitaba un profundo cambio; esto motivo la Reforma Protestante, que desconocía al Papa como el máximo representante del cristianismo en la tierra. Pero el poder económico y bélico del clero, era muy superior a cualquier poder existente en la Edad Media, esto propició una gran migración de toda Europa hacia América de todos los grupos protestantes que no eran bien vistos y menos tolerados en Europa. Eso también ocasionó que se poblara rápidamente América del norte de ingleses, franceses, alemanes y holandeses. Por su parte, en las colonias españolas y portuguesas estaba prohibido que ingresara cualquier tipo de protestante, incluso a los mismos españoles de ascendencia árabe ya conversos al catolicismo, les estaba prohibido embarcarse hacía América.

Por fin llegan a la parte norte de América los primeros inmigrantes ingleses, ilegales, indocumentados y profanos a tierras américo-españolas. Patrocinados por varias compañías inglesas llegan los primeros emigrantes el 26 de abril de 1607, los cuales progresaron lentamente debido a las mermas producidas por enfermedades que padecieron y ataques de los indios que defendían sus tierras de la invasión. Pero para los norteamericanos de hoy a quienes reconocen como primeros colonizadores de Norteamérica, que no por eso dejan de ser indocumentados, ilegales y profanos, son los de aquel cuento romántico de los 101 inmigrantes ingleses, "The Pilgrims" que zarparon de las costas inglesas en el Mayflower el 16 de septiembre de 1620 y el 21 de diciembre, los peregrinos desembarcaron y fundaron la colonia de Plymouth, la primera colonia permanente en Nueva Inglaterra.

A partir de esos primeros grupos de inmigrantes a Norteamérica, nunca ha cesado la migración hacia esa parte del mundo, llegando emigrantes de todas partes del mundo y principalmente mexicanos, que de ser legales pasaron a ser ilegales, calificados por los ingleses ilegales, que invadieron Norteamérica en el siglo XVII y México en el siglo XIX y hoy se ostentan dueños de más de 9 millones de kilómetros cuadrados de América y hasta poseen documentos que dicen que ellos son los propietarios de tierras americanas y un documento láser que los acredita como ciudadanos norteamericanos. Lo único que necesitamos para reconocerlos como ilegales en América, es la falta de color en su piel, que los denuncia y los identifica con seres que no tienen respeto por los derechos de los demás, por las religiones, por las costumbres, ni por la vida del prójimo.

Los primeros grupos que llegaron, en su mayoría eran protestantes calvinistas, que venían huyendo de la persecución por la intolerancia religiosa que se vivía en Europa. Eran gente muy laboriosa y en los primeros 60 años fundaron una gran cantidad de ciudades, entre ellas trece más importantes que dieron nacimiento al nuevo pueblo norteamericano. Inglaterra tenía prohibido que en sus colonias se instalaran fábricas, igualito a los españoles, pálidos, desconfiados y envidiosos. Tenían prohibido el comercio con otros países, solo podían comprarles a ellos o venderles a ellos. Además pagaban impuestos por exportar y por importar, y otro impuesto más para pagar las tropas inglesas que resguardaban las colonias de América. Esto se estaba volviendo intolerable para las colonias.

El pueblo norteamericano ya era un gran productor de materias primas. Las colonias del sur eran grandes productoras de tabaco, arroz y añil:

Virginia
Maryland
Carolina del Norte
Carolina del Sur
Georgia

Las colonias centrales eran grandes productoras de trigo, maíz, cebada, centeno, avena, frutas y hortalizas:

New York
New Jersey
Delaware
Pennsylvania

Las colonias del norte tenían una importante producción pecuaria, una gran industria pesquera, minera, papelera y vinícola:
New Hampshire
New Ingland
Rhode Island
Connecticut

Las colonias tuvieron un gran desarrollo y crecimiento espectacular debido a la migración masiva voluntaria y forzada de blancos y negros, durante el siglo XVII y XVIII. En 1649 se firmó el Acta de Tolerancia religiosa la cual permitió que cohabitaran diferentes credos religiosos, el único requisito era que reconocieran la Santísima Trinidad. A pesar del Acta de Tolerancia Religiosa el máximo líder mormón Joseph Smith siempre fue perseguido, encarcelado y asesinado en prisión por protestantes calvinistas. En 1669 se implementaron las bases de una constitución que empezó a funcionar al mismo tiempo. En esa misma época, a todo ciudadano norteamericano se le exigía aprender a leer e interpretar la Biblia esto llevó a tener un alfabetismo de 90 %, cifra que nuestro país apenas lo está alcanzando 350 años después.

Para el siglo XVIII, el pueblo norteamericano ya era uno de los más productivos del planeta y al sentir esa autosuficiencia les da la seguridad para plantear la declaratoria de Independencia, dándola a conocer el día 4 de julio de 1776. Así el II Congreso Continental de las trece colonias reunido en Philadelphia, hace la declaratoria de guerra a Inglaterra, redactada por Thomas Jefferson y dispone de un ejército de 22 mil hombres nombrando como comandante en jefe a Jorge Washington. Después de librar múltiples batallas ganadas por el ejército norteamericano, se firma el Tratado de Paz en Versalles en 1783, en el que Inglaterra reconoce la Independencia de los Estados Unidos, solo siete años después de iniciar el movimiento armado. A México le tomó 26 años que España le reconociera su Independencia, en ese mismo período hubo dos intentos de España por recuperar el dominio de la Nueva España.

Capítulo 14

LA GUERRA DE 1847
ENTRE MÉXICO Y ESTADOS UNIDOS

Esta llamada "guerra", no se debería de llamar guerra sino vil abuso de engendros abortados por satán. Fue el más completo y puro abuso de poder. La aplicación de la ley de la selva, donde el más grande se come al más chico. Apenas 28 años antes en 1819 se había firmado el Tratado Adams – Onis, sobre los límites entre la Nueva España y los Estados Unidos. Tres años después en 1822, ya consumada la Independencia de México y estando en el poder el doceavo monarca mexicano Agustín I, empezaron los norteamericanos a pretender nuestros territorios del norte enviando varios embajadores a hacer propuestas de compra, también empiezan a enviar familias completas norteamericanas a poblar los estados del norte de México. Durante 25 años envían propuestas y familias a nuestros territorios, apoderándose de Texas en 1836, donde enviaron tantas familias norteamericanas que en ese año 1836 ya había 12 anglosajones por cada mexicano en el estado de Texas. Hoy hay un solo mexicano por cada 12 estadounidenses en todo el territorio norteamericano. Nosotros no los estamos invadiendo, estamos ocupando nuestros territorios. Ellos si nos invadieron con una estrategia bien planeada para quedarse con nuestros terrenos. Pero aquello que no pudieron conseguir por la buena, buscaron la manera de conseguirlo por la mala. Así, aprovechando el caos que imperó por años en nuestro país posteriores a la independencia, conociendo la falta de recursos del país para enfrentar un conflicto; los norteamericanos buscaron mil maneras de provocar una guerra, hasta que se dio el incidente que al juicio mentiroso de los norteamericanos provocó que su también falso congreso les autorizara declararnos la guerra, para la que no estábamos preparados, ni hoy día lo estamos, no contra ellos. Se aceptó la guerra con una hacienda en bancarrota, con un Estado sin forma, ni rumbo, una sociedad sumida en la más profunda pobreza, como hoy. En el período de 26 años, entre la consumación de la Independencia en 1821 y el año de la guerra con Estados Unidos en 1847, México estuvo representado por 37 gobiernos diferentes: una regencia, una monarquía, una junta provisional y 34 presidentes.

En promedio tuvimos un gobierno cada 8 meses. En el mismo período Antonio López de Santa Anna, ocupó el cargo de presidente 11 veces.

Cuando el Barón de Humbolt, científico y humanista alemán, recorrió nuestro país, nos describió como uno de los países más ricos del planeta, por nuestros recursos naturales, pero de los más pobres por la explotación que había hecho y hacía España de nuestras tierras y nuestra gente. Por la actitud que España tuvo para con nuestro país, que nunca fue de colonización, sino de explotación y exterminación de nuestros recursos y nuestra gente. Al liberarnos de su yugo, sólo nos dejó miserias, corrupción, desconfianza, retraimiento, complejos de inseguridad, desorden, una sociedad más salvaje a la que había antes de la conquista y una gran deuda que ha consumido y consumirá varias generaciones antes de que se pueda pagar, sino es que antes nos la cobran con más terrenos, hasta que quede solo Yucatán. Ese estado, que apenas perdiendo México los 2.5 millones de kilómetros cuadrados, solicitó al gobierno norteamericano que él también fuera anexado. Pero no los quisieron porque ellos sí que tienen muchas "bombas" y les dio temor a los norteamericanos que de anexarlos tomaran el control de su país, así inteligentemente se liberaron de los yucatecos.

Después de la declaratoria de guerra, México tuvo que responder declarando también la guerra a los Estados Unidos, pero eso era un suicidio. Estados Unidos se respaldaba con una academia militar fundada 45 años antes por el Presidente Thomas Jefferson en 1802, la academia militar West Point que poseía la más alta tecnología militar de su tiempo, los mejores técnicos militares y los más experimentados instructores militares, en estas condiciones no teníamos oportunidad. México por su parte, acababa de inaugurar el Colegio Militar que ocupaba las instalaciones del Castillo de Chapultepec, en 1841 se abrieron las puertas y al inicio de la guerra entre México y Estados Unidos, estaba por salir la primera generación de 200 cadetes, de los cuales solo estaban 6, los que más tarde fueron llamados Niños Héroes: Juan de la Barrera, Juan Escutia, Agustín Melgar, Vicente Suárez, Fernando Montes de Oca y Francisco Márquez, que por cierto han salido investigaciones de que algunos de ellos ni siquiera estaban matriculados.

Ya al final de la guerra se dio un encuentro entre ambos bandos en el cerro del Chapulín, donde el Castillo de Chapultepec estaba resguardado por el general Nicolás Bravo, el coronel Felipe Xicotencatl con su batallón de San Blas y por algunos cadetes del Colegio Militar que decidieron quedarse, porque a la mayoría los mandaron a su casa. El Castillo quedó protegido por 900 soldados y 47 cadetes; de los cadetes 37 fueron tomados como prisioneros, cuatro fueron heridos y seis muertos. Los seis muertos fueron llamados posteriormente Niños Héroes. Entre los cadetes había muchos adolescentes al grado que algunos ni siquiera estaban matriculados porque los tenían a prueba y creían que no aguantarían la disciplina militar. Entre los cadetes que se fueron a su casa estaba el cadete Miguel Miramón, que más tarde se convertiría en el presidente más joven de la historia mexicana en 1859, con sólo 27 años de edad y al que Juárez acusara de traidor a la patria por haberse puesto a las órdenes de Maximiliano, el treceavo monarca que tuvo México. Junto con Miramón también fue acusado de alta traición el único hijo reconocido de Don José María Morelos, Juan Nepomuceno Almonte mismo al que la historia proteccionista e hipócrita le negó hasta el apellido paterno y así es solo conocido con el apellido de su madre Brigida Almonte. Juan Nepomuceno Morelos Almonte muy a pesar que desde niño lucho por México al lado de su padre el cura Morelos y ocupó muchos cargos políticos dentro del gobierno mexicano, al final de su carrera se alió a las tropas francesas y formó parte de la primer regencia francesa que gobernó nuestro país antes de llegar el monarca austriaco Fernando Maximiliano de Habsburgo que llegó a reinar nuestro país a nombre de Napoleón III y de Francia.

Un 13 de septiembre de 1847 a las cinco de la mañana inicio el combate con el ejército norteamericano y terminó a las siete de la noche con la muerte casi total de nuestros militares y de seis de los niños héroes que se quedaron en el castillo de Chapultepec.

Melquiades González Gaytán y Adriana Edith Mercado Palomar

La situación del país era deprimente, en los últimos tres años previos al conflicto de 1847, México estuvo gobernado por trece presidentes, todos militares. Los golpes de estado estaban a la orden del día, México peleando con un país que se convertía en potencia mundial, por conservar más de la mitad de su territorio y su soberanía, y los militares jugando a los soldaditos, a "tú las trais". Precisamente casi todo lo recaudado por la Hacienda (oficina encargada de recaudar los impuestos) se iba en pagar un ejército que se pretendía mantener fuerte para que defendiera nuestra Independencia, que todavía estaba amenazada por los españoles y que 17 años después es completamente violada por Francia, gobernando al país tres años con Maximiliano I al frente, también austriaco como el actual gobernador de California, pero con mejores sentimientos que el "***gobernator***", cuya cabeza no da para más y no puede darse cuenta que él también es un inmigrante y en su período de gobierno se ha dedicado a fastidiar a los inmigrantes, especialmente a los latinos, pero que más se puede esperar de una mole disforme y neuro-desconectada. Solo queda buscarle su cerro de las Campanas como a Maximiliano.

Al inició de la guerra con los norteamericanos, nuestro ejército carecía del mínimo de principios que lo comprometiera con su pueblo, que con tantos sacrificios lo mantenía. Aquel ejército era incapaz, indisciplinado y estaba mal formado, mal informado, mal uniformado y mal armado. Dentro del país se enfrentaban los altos mandos del ejército, los que ya no iban al frente solo jugaban a los soldaditos, esto mermaba la fuerza de nuestro ejército y aumentaba la del contrario. Así, mientras en nuestro ejército se mataba mexicano con mexicano, las tropas de los Estados Unidos nos invadían por todos los flancos, bloqueaban todos lo puertos, cortando la comunicación y el poco comercio exterior que quedaba en México.

El ejército que acompañaba a Hernán cortés cuando llego a México en 1519, estaba mejor armado y preparado que el ejército con el que enfrentamos a los Estados Unidos en 1847. Antes de llegar Cortés a Tenochtitlán, varios de sus hombres subieron al Popocatépetl a observar los pueblos que existían alrededor del Lago del Valle de México. Aunque había una gruesa capa de nieve en el Popocatépetl los hombres de Cortés subieron hasta la cima, algunos indios zempoaltecas y chichimecas, que ya se habían aliado con Cortés se quedaron en las faldas del volcán, no pudieron continuar porque su calzado no se los permitía, aquellos guerreros solo contaban con huaraches con correas cruzadas, los soldados españoles portaban botas de piel forrada que les cubría hasta la rodilla, lo que los protegía de las frías nieves del volcán. Increíblemente 330 años después en la guerra de 1847, la gran mayoría del ejército mexicano seguía con huaraches. ¿Que hizo España en México estos 330 años? ¡Saquear! ¡Saquear! y ¡Saquear!. Cuando Texas inicio su lucha por independizarse de México, Santa Anna fue enviado para detener a los alzados, saliendo desde la ciudad de México con un numeroso ejército y tras el ejército otro numeroso contingente formado por las esposas y los hijos de los soldados. Las familias preferían seguir a sus hombres, que esperarlos en casa porque generalmente ya no regresaban. De aquel numeroso ejército que acompañaba a Santa Anna, en el camino hasta Texas pereció la mitad debido a las inclemencias del tiempo. Aquel ejército continuaba con huaraches con correas cruzadas, y su uniforme era una delgada camisola y un largo y delgado calzón de manta blanca.

Al recibir la declaración de guerra de Estados Unidos, México envió la propia y empezó a buscar voluntarios para enlistar en el ejército, pero nadie quería reclutarse por lo que empezaron a enlistar gente a la fuerza. Así, gran parte de los miembros de nuestro ejército fueron indígenas que se reclutaron sin su consentimiento. Aquellos que se resistieron a ser enlistados eran capturados y ejecutados. El único requisito para pertenecer al ejército era ser mayor de 16 años. Con las características de nuestro ejército sin preparación, sin armamento o con armas muy viejas todavía pertenecientes a los ejércitos españoles, a ese ejército estaba confiada la seguridad y soberanía de nuestro país. Los oficiales eran los únicos bien armados, uniformados y escasamente preparados para la empresa que se venía; mientras que las tropas compuestas casi en su totalidad por indígenas portaban uniformes muy viejos o sus clásicas indumentarias de manta; la mayoría usaban huaraches con correas cruzadas y se les proporcionaban carabinas o fusiles, ninguna con bayoneta como ya portaba todo el ejército norteamericano. Muchos no alcanzaban fusiles y eran armados con espadas, machetes o lanzas. En estas condiciones enviaban a nuestras gentes a una muerte segura; Como si fuera poco con las precarias condiciones de nuestro ejército, los indígenas reclutados eran seguidos en sus batallas por sus esposas e hijos. Esta es la triste herencia dejada por España para un pueblo que le dio todo, gente, tierra, riquezas y la oportunidad de ser la primer potencia del mundo, ella en cambio nos dejo una tierra sobre explotada, un pueblo trabajado y abusado, la casi exterminación de la población, una deuda que hubiera sido fácil pagar con las riquezas que se llevaban, pero impagable para la administración en bancarrota que nos dejaron. En fin, nos dejó un país en completo caos, sin rumbo y dizque independiente, pero con esa deuda que día con día crece y que ha consumido más de 10 generaciones en los últimos 200 años de supuesta independencia. Para colmo de males la Iglesia Católica que había venido a evangelizar la colonia de la Nueva España, para 1810 era propietaria de más de la mitad de todos los inmuebles del país, era mucho más poderosa que el mismo estado de la Nueva España, poderío que obtuvo a costa de un pueblo inmerso en la más profunda pobreza. La misma Iglesia financio muchas guerras del Estado contra el pueblo a su conveniencia; siempre se opuso a nuestra independencia y cuando la independencia fue conveniente para sus intereses apoyo a Iturbide y a la aristocracia mexicana para independizarnos de España; el fin era independizarnos y crear una monarquía absolutista que no le quitara los privilegios al clero y a los españoles peninsulares, lo que llevo a nombrar a Agustín de Iturbide como primer monarca de México, pero afortunadamente solo duro 11 meses, siendo derrocado por los últimos héroes legítimos de nuestra independencia Vicente Guerrero y Guadalupe Victoria.

Una gran cantidad de los héroes insurgentes que lucharon por nuestra independencia eran curas y tenían acceso a información de lo que estaba pasando en otros países, entendían los sentimientos de otras gentes fuera de la Nueva España. Mientras que nuestro pueblo indígena seguía siendo sometido por los españoles a las más extenuantes cargas de trabajo y con una mínima dotación de recursos para su supervivencia, el tiempo y la fuerza que les quedaba solo les alcanzaba para darse cuenta que respiraban y seguían vivos cada mañana. Así, los curas y los criollos se dieron cuanta de una Norteamérica independizada de Inglaterra 35 años antes del inicio de la lucha por la nuestra, de una Francia en guerra por los derechos de las personas, de la misma España que obligaba a su Rey Fernando VII a conformar una monarquía constituyente, mientras que en la Nueva España criollos y curas criollos eran objeto de discriminación por los españoles peninsulares; no se diga a las castas que eran discriminadas, maltratadas, despojadas, abusadas, sobajadas, subvaluadas al grado de que se podía cambiar un caballo por varios indígenas esclavos. Todo esto motivo a que la parte noble, buena, humilde y cuerda de la Iglesia, se uniera al movimiento de independencia representada por 200 curas que decidieron luchar por la Independencia de México y de su pueblo al que se debían. La otra parte usted póngale nombre y déle los adjetivos que quiera.

Esa misma Iglesia que en la Nueva España se convirtió en la más poderosa empresa de América, que excomulgo a todos los curas e insurgentes que se levantaron en armas para luchar por su independencia, en 1847 tuvo conversaciones secretas con altos funcionarios norteamericanos con los que pacto que la Iglesia negaría todo apoyo al gobierno mexicano, por el lado de la Iglesia el obispo Francisco Pablo Vazquez y del lado del gobierno norteamericano William T, Worth, Moses Bench y Janeth Storms, además de promover entre sus feligreses que no opusieran resistencia a la invasión norteamericana, ni se reclutaran en el ejército mexicano porque de lo contrario caerían en pecado mortal. A cambio de sus favores los norteamericanos se comprometieron a no tocar los bienes de la iglesia y en su momento hasta protegerlos, y por ningún motivo se trataría de imponer el Calvinismo o ninguna rama del protestantismo en México, porque las ovejas de este corral no deberían de saber nada del diabólico progreso o del enajenante desarrollo que trajo el Calvinismo a los Estados Unidos. Las ovejas de este corral deben de mantenerse limpias y puras, de fácil manejo y presta sumisión.

¿Pero cómo se dio y construyó el pretexto para declararle una guerra a México de la cual los norteamericanos estaban seguros iban a salir triunfantes?

En 1836 nuestro gobierno decide regirse de manera centralista, para entonces en Texas ya predominaban los anglosajones sobre los hispanos y ante la medida de centralizarse, el gobierno rompía con el pacto del federalismo que había establecido en la constitución de 1824. Texas inconforme con esta nueva forma de gobernar solicita su libertad y soberanía por lo que se subleva Samuel Houston y con apoyo del gobierno de Estados Unidos, con voluntarios, armas y municiones proclaman su independencia el 2 de Marzo de 1836, quedando Samuel Houston como Presidente y Lorenzo de Zabala como vicepresidente. Santa Anna es enviado a combatir a los rebeldes y con 6000 hombres mal armados y mal preparados se dirigió hacia el norte recorriendo 1600 kilómetros en los que perdió casi la mitad de sus soldados. Llegaron a Texas y en el Álamo derrotó a Samuel Houston y a su ejército, fusiló a todos los prisioneros, pero pronto a las orillas del río San Jacinto fue sorprendido, derrotado, capturado y llevado con Samuel Houston a Velasco, donde es obligado a firmar los tratados de Velasco, donde se comprometía Santa Anna a ordenar a sus tropas a salir de Texas, a no volver a atacar a Texas y a influir para que México reconociera la independencia de Texas. Más tarde, México reconoció la independencia de Texas, pero con la condición de que Estados Unidos también la respetara y no pretendiera su anexión por que de lo contrario sería motivo de guerra. Sin embargo, en Marzo de 1845 el congreso norteamericano decreta la admisión de la anexión del territorio tejano. Con esto México no hizo la guerra pero si rompió relaciones con los Estados Unidos y se complica la situación de los límites del sur de Texas con el norte de México. Esos límites estaban perfectamente bien establecidos en los tratados de Adams-Onis. La anexión no provocó que México declarara la guerra a Estados Unidos, por lo que los norteamericanos continuaron buscando otro pretexto para declararle la guerra a México. En los tratados de Velasco se establecía la frontera sur de Texas con el curso del río Nueces, al anexionarse Texas a Estados Unidos, los norteamericanos pretenden hacer llegar sus fronteras hasta el río Bravo, esto comprendía una franja entre el río Bravo y el río Nueces en promedio de 150 Km. de ancha por 1,300 km de larga lo que representa una superficie de 195,000 kilómetros cuadrados, esto representaba una superficie más grande que nuestro estado de Sonora que mide 180,833 kilómetros cuadrados. Estados Unidos ya se había anexado a Texas, ahora pretendía otros 195,000 kilómetros más, pero no solo eso, la pretensión principal era todo el territorio oeste hasta alcanzar el océano Pacifico y cualquier pretexto era bueno para iniciar la guerra, lo que importaba era que México diera el primer paso para que quedara como el agresor. Desde su llegada al poder el 11vo. presidente norteamericano James K. Polk el 4 de Marzo de 1845, sube al poder apoyado por un pueblo que aprobaba sus políticas anexionistas. Ese apoyo y sus convicciones lo convirtieron en el presidente campeón del anexionismo norteamericano desde su entrada al gobierno, Polk le exigió a México que aceptara como límite de Texas el río Bravo y no el Nueces, que era el límite reconocido en el tratado Velasco de 1836. También a su llegada empezó a hacer ofertas por nuestros territorios del norte, $5,000,000 de pesos por Nuevo México y $25,000,000 de pesos por la Alta California. Al ver Polk que no conseguía respuestas favorables a sus propuestas, optó por el camino de la provocación y envió tropas al mando de Zachary Taylor a la franja entre el rió Nueces y Bravo, donde se dan los primero enfrentamientos en que México defiende su soberanía con los generales Ampudia y Arista. Con las primeras bajas norteamericanas en la franja Nueces-Bravo, Estados Unidos declaró la guerra a México por considerar que habían muerto soldados norteamericanos en suelo norteamericano, lo más falso de todas las falsedades, pero al fin dentro de toda su prepotencia, su cinismo, su instinto ladrón y asesino, ya tenían el pretexto que tanto habían buscado, lo que dio inicio a la más grande invasión que haya tenido alguna vez un país pacifico. Llegaron de forma sistemática todos los ejércitos norteamericanos a invadir nuestra nación. Pero en esta invasión no podía faltar la mano del traidor más grande que ha tenido México, Antonio López de Santa Anna Pérez Lebrón, quien se exilió en la Habana Cuba en 1845 después de sufrir un golpe de estado por el general Herrera; como los que acostumbraba a perpetrar él. Santa Anna se había ganado la desconfianza y el odio de toda la población y al recibir el golpe de estado sus seguidores también lo dejaron solo, los únicos que lo acompañaron en el exilio fueron: su esposa Dolores y el espía y traidor norteamericano-español Antonio Atocha. Desde la Habana, Atocha fue el mediador entre Polk y Santa Anna para facilitar la invasión norteamericana y para hacer posible la compra-venta de más de 2,400,000 kilómetros de nuestros territorios del norte, en uno de los comunicados que Santa Anna envió a Polk le daba a conocer los puntos más débiles para invadir nuestro país, que en realidad eran todos por donde quieran verlo, pero el sugirió empezar por bloquear los puertos y principalmente el de Veracruz que era por el que teníamos más comunicación y el que nos proveía de mayores recursos. Polk siguió sus sugerencias invadió y paralizó al país. Santa Anna a cambio pidió $2,000,000 de pesos para sus gastos personales y que se le facilitara introducirse al país por el puerto de Veracruz que ya estaba ocupado por las tropas norteamericanas para poder llevar a cabo los arreglos pertinentes para la venta de los territorios del norte. Así, ante una invasión por todos los flancos, regreso Santa Anna al país en Agosto de 1846, a ocupar la silla presidencial por 9a vez, retomo su 9o gobierno en Marzo de 1847 y en medio de aquel caos que ya se había vuelto crónico en el país es proclamado por sus viejos seguidores para que vuelva a tomar el poder. El país casi en su totalidad estaba invadido y las principales plazas tomadas por el ejército norteamericano.

Organización del ejército que nos invadía, en 1847.

Presidente de los Estados Unidos: James Knox Polk
Jefe del tesoro norteamericano: Robert T Walter
Secretario de relaciones exteriores: James Buchanan
Secretario de Guerra: Marcy
Secretario de Marina: Bancroft

Flancos de ataque:

-Zachary Taylor:
Franja Bravo-Nueces
Matamoros
Tampico
Monterrey

Saltillo
Reynosa
Soto La Marina
Camargo
San Luís Potosí

-Winfield Scott:
Veracruz
Tuxpan
Jalapa
Puebla

-John Freemont, Stockton, John Sloat:
Monterrey-California
San Francisco-California
Santa Barbara-California
San José-California
Los Ángeles-California
San Diego-California

-Stockton, Kearny:
Nuevo México

-David Conner:
Veracruz
Alvarado
Tabasco

-Perry:
Playa Del Carmen

-John Sloat:
Mazatlán
Guaymas
San José Del Cabo
Cabo San Lucas
La Paz

-John Wool, Doniphan:
Chihuahua

-Winfield Scott, Black, Quitman, Worth, Smith, Twiggs, Watson:

Ciudad De México

La invasión del país era casi total y era enfrentada por un gobierno en total caos, tan solo en ese año de 1847 tuvimos seis presidentes que se arrebataron el poder uno a otro con golpes de estado, además de fuertes revueltas entre el gobierno y un grupo llamado Polkos, que eran hombres de la clase media que quisieron apoyar al gobierno a enfrentar la invasión pero la más de las veces se encontraba en lucha contra el mismo ejército mexicano.

Gobierno Mexicano que enfrento la lucha de 1847:

Presidente De México:
Valentín Gómez Farías
Antonio López De Santa Anna
Pedro María Anaya
Antonio López De Santa Anna
Manuel De La peña y Peña
Pedro María Anaya

Oficiales del ejército mexicano:
Antonio López de Santa Anna
Juan Álvarez
Mariano Arista
Pedro Ampudia
Valencia
Nicolás Bravo
Antonio León
Rangel
Monterde
Santiago Xicótencatl

Al parecer la marina no participó por que los únicos dos barcos de guerra que tenía el país, el Moctezuma y el Guadalupe Victoria, por ordenes de Santa Anna fueron llevados a Cuba para esconderlos o venderlos y que no fueran destruidos por los barcos norteamericanos.

Por la falta de recursos, de armamento, de soldados, de alimento, de preparación y disciplina; pronto el ejército mexicano sucumbió ante los norteamericanos y el 15 de Septiembre de 1847 ondeo en Palacio Nacional la bandera norteamericana, mientras que el gobierno mexicano se traslado a Querétaro. Santa Anna entregó el poder al ministro de la suprema corte de justicia Don Manuel de La Peña y Peña. Apenas terminada la guerra se giró orden de aprehensión contra Santa Anna pero este salió tranquilamente de la Ciudad de México rumbo a Veracruz para exiliarse por segunda vez, pero esta vez a Colombia.

Al no poder continuar con la lucha armada, el gobierno mexicano tuvo que entrar en pláticas con el gobierno norteamericano, firmándose el tratado de Paz, Amistad y Límites, mejor conocido como tratado de Guadalupe-Hidalgo el cual se firmó el día 2 de Febrero de 1848. Con este tratado México cedía más de la mitad de su territorio; 2,400,000 kilómetros cuadrados, lo que correspondía a los viejos estados de Texas, Nuevo México y California. En cambio, los Estados Unidos indemnizaban a México con 15,000,000 de dólares, Estados Unidos absorbía los gastos de guerra y se encargaría de vigilar las fronteras para que los mexicanos no sufrieran de la incursión de los indios. El 12 de Junio de 1848 se retiran las tropas norteamericanas de la Ciudad de México embarcándose por Veracruz entre Junio y Agosto. Entregaron paulatinamente todos los puertos tomados al gobierno mexicano.

Capítulo 15

EL TRATADO GUADALUPE-HIDALGO

El primer virrey de la Nueva España Fray Antonio de Mendoza que gobernó de 1535-1550 inicio la colonización del norte de América. En 1540 envía los primeros colonizadores yendo al frente el Capitán Francisco Vásquez de Coronado en busca de las mitológicas ciudades de oro: La Ciudad de Cíbola y la Ciudad de Quivira. El Capitán Vásquez y su ejército, cruzaron todo el país desde Guadalajara hasta Sonora, siguieron por Arizona, Nuevo México, Colorado, Texas, Kansas y Oklahoma. Parte de la expedición estaba al mando de Melchor Díaz quienes llegaron hasta California. Por otro lado, el Capitán Pánfilo Narváez se dirigió con otro grupo de soldados hacia la Florida donde sufrieron múltiples ataques de los indios que los hicieron huir y por ocho años estuvieron perdidos recorriendo los estados de Florida, Georgia, Alabama, Mississippi, Louisiana, Texas, Nuevo México, Chihuahua, Sonora, Sinaloa, Nayarit y Jalisco. Después del reconocimiento de los terrenos del norte, ante su tamaño el virrey y el pueblo de la Nueva España se vieron incapacitados para colonizar aquella inmensidad territorial de la parte norte de nuestro país quedando abandonados por más de dos siglos. Pero con el avance de la navegación empezaron a llegar por mar al norte de América, otros grupos de europeos, no españoles, con fines de colonizar, llegaron: ingleses, escoceses, irlandeses, holandeses y franceses, por el lado del océano Atlántico y por el lado del Pacifico llegaron los rusos. Esto hizo que el gobierno de la Nueva España tomaran las medidas pertinentes para empezar a enviar gente a aquellos territorios que ya habían sido reconocido por exploradores de la Nueva España. Sin embargo, había pocos voluntarios que quisieran emprender una nueva aventura a pesar de las facilidades que se daban para poblar aquellas tierras del norte. Buscando facilitar la empresa para los nuevos colonizadores, el virrey de la Croix, seleccionó y envío en el año 1769 varias familias reconocidas, sanas, trabajadoras, fuertes, sin vicios y respetables, con el compromiso de permanecer al menos 10 años en aquellos territorios. A cambio, el gobierno les proporcionaría:

Un lote para casa
2 suertes (1 suerte = 1.41 hectáreas) de tierra irrigable
2 suertes de tierra seca
10 pesos mensuales
Raciones alimenticias para la familia por 3 años
Herramientas
Ropa
2 vacas
2 bueyes
2 ovejas
2 cabras
3 yeguas
2 caballos
1 mula

De esta manera se colonizaron los territorios de norte y antes de los primeros 10 años comprometidos, la producción agropecuaria era tan vasta, que se exportó grano y ganado hacia la ciudad de México. Pronto aquellas familias formaron importantes comunidades, grandes pueblos y prosperas ciudades.

Las primeras colonias Hispano-Mexicanas fueron encabezadas por el Coronel Español Gaspar de Pórtala y el Fraile Junípero Serra.

Con la independencia de las colonias norteamericanas que iniciaron su avance hacia el sur y hacia el océano Pacífico se establecieron los primeros acuerdos de límites en 1819, para este tiempo los norteamericanos ya habían invadido más de 5,000,000 de km. cuadrados de territorio americano. Los primeros acuerdos se llevaron acabo entre el ministro español Luís de Onis y el secretario de relaciones exteriores de Estados Unidos John Quincy Adams. Con este tratado se acuerda que el límite entre las dos naciones partía de la desembocadura del Río Sabina en el Golfo de México, siguiendo su curso hasta el paralelo 32 para subir en línea recta hasta el Río Rojo y tomar su curso en el meridiano 100, para subir en recto hasta el Río Arkansas y con este alcanzar el paralelo 42 que servía de línea divisoria hasta el océano Pacifico. Este tratado de Onis-Adams se aprobó por España en octubre de 1820 y por Estados Unidos en febrero de 1821.

Apenas estaba recién firmado el tratado Onis-Adams y firmada nuestra Independencia con el Tratado de Córdova, cuando iniciaron los norteamericanos a pretender nuestras tierras y enviar propuestas de compra. Al encontrar la negativa por parte de nuestro país de venderles, iniciaron a enviar a sus gentes multitudinariamente, de forma por demás ilegal, a poblar nuestros territorios. Para 1836 en que Texas solicita su independencia de México había un hispano por cada 12 anglosajones ilegales en ese estado todavía mexicano. Nuevamente se firma otro tratado, solo que esta vez se obliga a Santa Anna a reconocer la independencia de Texas, a sacar las tropas del estado de Texas y a no volver a intentar hacer la guerra en esas tierras que estaban solicitando su independencia. Detrás de todo esto, siempre estuvo el gobierno norteamericano, apoyando a los extranjeros radicados en Texas para conseguir su independencia, enviando armas, municiones y militares. Independencia que los norteamericanos no respetaron y nueve años después anexan Texas a su territorio.

Se viola el tratado Onis-Adams de 1819 y se firma el tratado de Velasco en 1836, tratado que no debería de ser válido porque Santa Anna **NO** era presidente de la república para firmar un tratado de esa envergadura, y estaba bajo presión de muerte por parte de gobierno norteamericano. En aquel tratado quedaban muy claros los nuevos límites del sur de Texas, los que se habían hecho coincidir con el cause del Río Nueces. En 1845 los norteamericanos anexaron a Texas y ya venían planeando desde años antes la forma de apoderarse de todos los territorios del norte de México. Por lo que continuaron las ofertas y los pretextos para buscar un conflicto con nuestro país. Estados Unidos sabía de nuestras debilidades, de nuestro mal gobierno y junto con Santa Anna desde el exilio en Cuba, planearon la invasión total de nuestro país. No se podía comparar el poderío militar norteamericano con nuestro pequeño, desnutrido, mal entrenado y mal armado ejército mexicano. Estados Unidos llegaba a la guerra con 20,200,000 habitantes donde sobraban los voluntarios para sumarse a la lucha armada, contra

7,500,000 mexicanos donde no había voluntarios para el ejército, por lo que éste en su mayoría estaba compuesto por indígenas y mestizos reclutados a la fuerza. Por el número de habitantes norteamericanos esperaríamos que su fuerza fuera 3 veces mayor que la de los mexicanos, sin embargo, el poder real de su ejército nos lo demostró desde un principio, en lo que tomaron como pretexto para declararnos la guerra, en aquel primer combate que se dio en la franja Nueces-Bravo llamada "la masacre de Palo Alto" entre los ejércitos del general Taylor y del general Arista, donde murieron 11 soldados norteamericanos, que fue lo que inicio la guerra, y 252 mexicanos. Esta masacre nos pudo demostrar que su fuerza, cuando menos era 23 veces superior a la de nuestro país. Así invadieron nuestro país y ocuparon todas sus plazas, solo en algunas hubo resistencia, otras fueron tomadas sin resistencia, en parte por la falta de recursos y en parte por la sugerencia que había hecho la Iglesia Católica de no enfrentarse a los norteamericanos. Finalmente se perdió la guerra y se firmó un nuevo tratado, el tratado de Guadalupe-Hidalgo que además llevaba un nombre adjunto que decía, "Tratado de Paz, Amistad y Límites". Nombre más falso no pudieron encontrar y ponerle a este tratado que se firmó el 2 de febrero de 1848 en la localidad de Guadalupe Hidalgo, hoy delegación Gustavo A. Madero en la ciudad de México, fue el enviado de los Estados Unidos quien escogió el lugar para llevar a cabo el tratado y las firmas de común acuerdo, ya que así el tratado quedaría bendecido y se firmaría en nombre de Dios Todopoderoso, pero como para ellos la figura de Dios y la de Chango-león es lo mismo, antes de dos meses ya habían modificado el tratado a su antojo y conveniencia, sin pedir opinión, ni ratificación del gobierno de México.

Con este tratado México perdió exactamente 2,378,539 kilómetros cuadrados, mucho más de la mitad de nuestro actual territorio; lo que hoy es California, Nevada, Utah, Arizona, Nuevo México, más de la mitad de Colorado, parte de Wyoming, Kansas, Oklahoma y Nebraska. No se cuenta con un registro de cuantos mexicanos y españoles se habían ido desde 1769 a colonizar las tierras del norte, pero si se sabe que en el momento de firmar el tratado de Guadalupe-Hidalgo, 108,000 mexicanos decidieron quedarse en aquellas tierras expropiadas. El tratado Guadalupe-Hidalgo que hoy en el 2006 sigue vigente, garantizaba la propiedad para los mexicanos que habían decidido quedarse y a los que el gobierno de la Nueva España les había expedido un título de propiedad, título que fue ratificado con el gobierno del México independiente. Pero el tratado pronto fue modificado unilateralmente a favor de los norteamericanos, modificaciones que nunca fueron aprobadas por el gobierno Mexicano. Con aquellas modificaciones el gobierno norteamericano inventó títulos falsos que favorecían a los norteamericanos los cuales en complicidad con el gobierno empezaron a despojar de sus tierras a los mexicanos que habían decidido quedarse. Las mismas modificaciones del tratado obligaba a que los mexicanos acreditaran su propiedad, llevándolos el gobierno a juicios muy extensos y caros, que terminaban perdiendo. También se presentó una cacería indiscriminada de mexicanos poseedores de títulos, masacrando familias completas, y al no haber ya quien reclamara las tierras el gobierno se las asignaba a los ciudadanos norteamericanos. De esta manera la mayoría de las familias mexicanas perdieron sus propiedades y muchas veces terminaron trabajando para quienes se las habían quitado y a quienes les tenía que trabajar toda la familia, incluyendo los niños mayores de 5 años.

Muchos archivos del lado norteamericano fueron quemados a propósito, por lo que en el momento de tratar de cotejar con los títulos de propiedad de los mexicanos no había como hacerlo, por lo que procedieron a anular todos aquellos títulos en los que no se encontraba con que cotejar. Que güeros tan listos y tan derechos ¿No cree usted?.

La fiebre del oro en California aumento la rapiña y la violencia de los anglosajones, civiles y gobierno, contra los mexicanos y sus tierras.

Los tribunales y el gobierno norteamericano, más que dedicarse a proteger a los propietarios legítimos de las tierras; se dedicó a confiscar las tierras, con falsos, hipócritas y fraudulentos juicios.

A los mexicanos se les exigía comprobar sus propiedades basándose en los archivos que existían y estaban en manos del gobierno norteamericano, algunos pocos, de los que se habían salvado de ser quemados, para comprobar su propiedad tenían que enfrentar hasta cuatro instancias para pelear sus tierras:
* Comisión de tierras
* Juez de distrito
* Suprema corte de Justicia
* Deslindador federal

Estos juicios podían llegar a durar hasta 15 años y la mayoría de las veces perdían los legítimos dueños, por lo que muchos mexicanos optaban por perder sus tierras desde el inicio.

Texas fue uno de los estados donde existieron más bandas de güeros rancheros, racistas, asesinos y conspiradores hipócritas del gobierno, que se dedicaron exclusivamente a matar mexicanos y a despojarlos de sus tierras y sus pertenencias.

Del lado norteamericano el tratado original fue hecho pedazos, del lado mexicano nunca ha habido quien lo pueda defender o quien pueda hacer que lo respeten. En los Estados Unidos los mexicanos que lo defendieron; Gregorio Cortéz, Juan Nepomuceno Cortina, Elfego

Vaca, Tiburcio Vázquez, Joaquín Murrieta, entre otros, fueron considerados como bandoleros, asesinos, ladrones y la mayoría terminaron siendo asesinados por el propio gobierno norteamericano y sus civiles. Aquellos hombres fueron los verdaderos héroes de la resistencia, los verdaderos luchadores sociales. Así, del dichoso "Tratado de Paz, Amistad y Límites", podemos decir que paz nunca la ha habido, una amistad sincera con los norteamericanos es de muy dudosa calidad y límites nunca han existido, porque la palabra para ellos no existe y la "palabra" de ellos es un cero a la izquierda, no tienen palabra, no tienen respeto, son abusivos, son cínicos y desalmados. Con ese tratado perdimos más de la mitad de nuestras tierras, y de aquellos 108,000 mexicanos que se quedaron, no se sabe cuantos pudieron conservar sus tierras o al menos conservar sus vidas.

El Tratado de Guadalupe-Hidalgo, constaba de 24 artículos, más algunos transitorios y en forma resumida era de la siguiente manera:

- I   Se declara la Paz.
- II   Se restablece el orden constitucional.
- III   Se levanta el bloqueo de los puertos mexicanos y se evacuan las tropas de ocupación.
- IV   Se liberan los lugares capturados por las tropas de ocupación y se repatrían los prisioneros de guerra.

- V   Se delimita la frontera entre ambas naciones, siguiendo los ríos Gila y Bravo, y permitiendo un puente de tierra que conecte Sonora y la Baja California.
- VI   Se permite el libre tránsito de los buques y ciudadanos estadounidenses por el golfo de California y el río Colorado, por agua, más no por tierra, a menos que una carretera en un margen cercano al río Gila sea beneficiosa para ambas partes.
- VII   Se permite la navegación libre y gratuita, excepto para desembarco, para ambas partes, en los ríos Gila Y Bravo del norte, sin que se puedan hacer obras que impidan o interrumpan dicho paso sin permiso de la otra parte.
- VIII   Se conservan los derechos de permanencia y garantía de tierras de los mexicanos en los nuevos territorios, y se les permite elegir la nacionalidad que deseen conservar.
- IX   Se conservan por un año los derechos civiles de los mexicanos en los territorios cedidos, y se establece la igualdad de los derechos políticos con los otros habitantes de los Estados Unidos de América. Se conservan, asimismo, intactos los derechos y propiedades eclesiásticos.
- X   Se conservan intactas todas las concesiones de tierra hechas por el gobierno mexicano. Los concesionarios de tierra podrán conservarlas si cumplen con las obligaciones adquiridas previamente con el gobierno

mexicano, siempre y cuando hayan tomado posesión de ellas antes de marzo de 1836 en Texas, y de mayo de 1846 en el resto del territorio; en caso contrario, el cumplimiento de las concesiones no serán obligatorias.

- XI   Los Estados Unidos se comprometen a controlar a las tribus indígenas de su territorio e impedir su paso a México, a no venderles o suministrarles armas de fuego o municiones, a no comprar o canjear prisioneros, artículos, ni ganado robado en México y a rescatar y repatriar a los prisioneros de los indios que tengan la nacionalidad mexicana.
- XII   En compensación por la pérdida del territorio, los Estados Unidos de América pagarán a México quince millones de pesos, pagando tres millones de pesos de inmediato y el resto en pagos anuales a un interés del 6% anual.
- XIII   Los Estados Unidos de América no reclamarán a México compensación alguna por gastos de guerra, y pagarán ellos mismos las reclamaciones resultantes.
- XIV   Los Estados Unidos de América no reclamarán a México compensación alguna para sus ciudadanos, presentes o futuras.
- XV   Los Estados Unidos de América no reclamarán a México compensaciones anteriores para sus ciudadanos, y pagarán ellos mismos las reclamaciones resultantes, siempre que estas no excedan los tres millones doscientos cincuenta mil pesos.

- XVI Cada república podrá fortificar su frontera.
- XVII Las incompatibilidades entre las estipulaciones del Tratado y realidad física, legal o política, podrán resolverse de común acuerdo con la misma fuerza que si estuviera escrito en el Tratado, durante ocho años; al término de ese período, sólo se podrá resolver por mutuo acuerdo.
- XVIII No se exige gravamen a los artículos para las tropas de ocupación antes de su evacuación formal, a menos que sean introducidos fraudulentamente.
- XIX Los bienes importados por los puertos, importados antes de la devolución de las aduanas, o por la duración estipulada en el siguiente artículo, no podrán ser gravados ni decomisados; excepto si son trasladados a algún lugar no ocupado por las fuerzas estadounidenses.
- XX Aún si desde la firma de este tratado hasta la devolución de las aduanas pasaren menos de 60 días, durante este tiempo las mercancías importadas no serán gravadas, salvo los derechos correspondientes según el artículo anterior.
- XXI Si entre los gobiernos de ambas repúblicas hubiese un desacuerdo, ambos gobiernos se comprometen a buscar una solución pacífica.
- XII Se delimitan las reglas a tratar en caso de guerra entre las dos repúblicas.
- XIII Para ratificar este tratado, ambos Presidentes deberán pedir aprobación del congreso y canjear la ratifi-

cación antes de cuatro meses.
- XIV *"El contenido de este artículo fue secreto".*

Antes de que el Congreso norteamericano ratificara el Tratado Guadalupe-Hidalgo, ya se habían anulado o modificado gran parte de los artículos del Tratado. Por supuesto que todas las modificaciones eran para favorecer los intereses del gobierno norteamericano y desproteger a los mexicanos que se quedaron pretendiendo conservar sus tierras.

El gobierno norteamericano favoreció la adquisición de tierras de los anglosajones despojando para ello a los legítimos dueños mexicanos, esto propicio un clima de odio entre ambas razas, pero los anglosajones tenían el poder y pronto restringieron los derechos civiles de los mexicanos, incluso se diseñaron y aprobaron un grupo de leyes contra los mexicanos que llamaron "Greaser Laws", o leyes contra los grasosos. Pueden creer tales adjetivos que nos ponían los güeros resecos, pálidos, de mujeres insolutas.

Capítulo 16

108,000 MEXICANOS EN AZTLÁN

Muchos escritores que han tratado el tema de la migración entre México y Estados Unidos han identificado en sus trabajos las tierras de Aztlán con el territorio que perdió México en la guerra de 1847 contra Estados Unidos; guerra que todo mundo sabía y sabe que fue injusta, el mismo Abraham Lincoln siempre se opuso a ella por las mismas razones. Aquella guerra en la que nuestro país perdió el 55% de su territorio, 2,400,000 kilómetros cuadrados, pagándole al gobierno corrupto de Santa Anna $15,000,000 de dólares o pesos, que incluso en ese tiempo el peso tenía un valor ligeramente superior al dólar. La guerra fue provocada por ellos, los norteamericanos, por lo tanto no teníamos por que pagarles gastos de guerra y esa indemnización que nos dieron era la mitad de lo que se había ofrecido por comprarnos las tierras de Aztlán. De cualquier manera, con guerra y sin guerra venían fraguando un robo desde mucho tiempo antes, pues nos querían pagar y nos pagaron a como les dio la gana, 1 dólar por cada 16 hectáreas, esto es cada hectárea a 6 centavos. A ese precio el Distrito Federal que tiene una superficie de 1,525 kilómetros cuadrados costaría 9,531 dólares, aproximadamente 100,000 pesos mexicanos, menos de lo que vale una casa mal construida del INFONAVIT actualmente. Nuestro estado más grande, Chihuahua, que tiene una superficie de 245,962 kilómetros cuadrados costaría 1,537,262 dólares, lo que vale una modesta casa en Los Ángeles construida en una hectárea de terreno. Usted juzgue si fue justo una hectárea de construcción en Los Ángeles por 24,000,000 de hectáreas de terreno chihuahuense, que es a lo que equivale el robo que nos hicieron. Esa es solo una equivalencia, pero lo que realmente se robaron fueron 240,000,000 de hectáreas de terreno, equivalente a 10 estados del tamaño de Chihuahua. Con esa guerra injusta se perdieron los terrenos donde hoy están asentados los estados norteamericanos de California, Arizona, Nevada, Utah, Nuevo México, Texas, más de la mitad de Colorado, parte de Oklahoma, Kansas, Nebraska y Wyoming. En el estado de Arizona, en el cruce del río Gila con el río Colorado se forma una laguna, la que mucho tiempo se identificó

Aztlán, Origen y Destino

con la mítica ciudad de Aztlán. En Nuevo México en un sitio llamado en el pasado Chicomostóc o "lugar de las siete bocas" o "de las siete cuevas", de donde también partieron las 7 tribus Nahuatlacas, también se ha identificado con la mítica ciudad de Aztlán. En nuestro país hay varios lugares donde se cree que también se encontraba la ciudad de Aztlán, desde Sinaloa hasta la Ciudad de México. Pero el lugar que reúne más condiciones para ser el sitio exacto de Aztlán, la tierra que le dio el nombre al pueblo Azteca y que significa "lugar de garzas" o "de tierras blancas", son las tierras que circundan el Lago Salado de Utah (Salt Lake) en Estados Unidos. Por lo que con la guerra de 1847 quedaron de aquel lado de la frontera nuestros orígenes, nuestros antepasados y nuestra historia más vieja. Pero no solo eso, 108,000 mexicanos propietarios de gran parte de aquellos territorios perdidos por el gobierno de México, decidieron quedarse de aquel lado de la frontera bajo un gobierno que había prometido y había firmado un tratado, para respetar a los dueños legítimos de aquellas tierras que se les había designado desde la corona española. En 1836 cuando Texas se independizo de México ya los norteamericanos nos habían invadido a tal grado, que por cada mexicano había 12 norteamericanos. Hoy, si todos los mexicanos nos fuéramos a Norteamérica, no seriamos tantos como eran ellos cuando ilegalmente invadieron Texas. Hoy se quejan de nosotros por que en los Estados Unidos hay un mexicano por cada 12 norteamericanos, ellos deben aguantarse como nosotros los aguantamos.

Por el año 1970 el escritor Agustín Cue Cánovas publicó uno de los muchos libros que se han escrito acerca de la relación entre México y Estados Unidos, en el que en base a un censo utilizado para llevar a cabo elecciones, concluía que eran 108,000 los mexicanos que continuaron viviendo en los Estados Unidos después de concluida la guerra de 1847.

Actualmente se tienen documentadas todas las modificaciones hechas al tratado de Guadalupe-Hidalgo a favor de los norteamericanos y también todos los atropellos llevados acabo por los anglosajones en complicidad con el gobierno norteamericano para despojar de sus tierras a los mexicanos que se quedaron de aquel lado de la frontera, pero a pesar de contar con los datos, no ha habido quien pueda darle solución a todas aquellas demandas, además de que se han ido perdiendo en el tiempo. Han sido muchas las cifras que se han manejado de los mexicanos que se quedaron del otro lado de la frontera desde 72,500. 77,000. 84,000. 86,000. 108,000 y 110,000.

La cifra que más se maneja en algunos estudios socioeconómicos sobre aquella población es la cifra de 84,000. En un estudio del colegio de la frontera norte dando un seguimiento a aquellos 84,000 mexicanos que se quedaron y su descendencia hasta el año 2002, refiere los siguientes datos:

1850	84,000
1860	101,000
1870	122,000
1880	148,000
1890	178,000
1900	215,000
1910	260,000
1920	314,000
1930	379,000
1940	437,000
1950	586,000
1960	796,000
1970	1 117,000
1980	1 520,000
1990	1 923,000
2002	2 399,000

Considerando el estudio anterior y comparando con la información de otros autores que refieren para el año 1960, en 5,000,000 la población descendiente de los mexicanos que se quedaron el los Estados Unidos desde la guerra de 1847, no concuerda con los 796,000 que reporta el estudio anterior. Menos aún si seguimos el crecimiento de 1960 al 2002, con las mismas tasas que manejan, de esos 5,000,000 de mexicanos hoy deberían de ser 10,920,000, pero de esa cantidad el estudio dice que en el 2002 solo hay 2,399,000, entonces falta un 78%, lo que quiere decir que de aquellos 108,000 mexicanos que se quedaron 84,000 fueron asesinados y solo 24,000 conservaron sus vidas y casi nadie sus tierras. Bendito Tratado Gudalupe-Hidalgo firmado en nombre de Dios Todopoderoso.

Estos serán siempre datos muy difíciles de comprobar, por que apenas 20 años después de la guerra de 1847, ya habían emigrado a los Estados Unidos más 100,000 mexicanos igualando casi a los que se habían quedado, y en el mismo siglo XIX alcanzaron a emigrar 250,000 mexicanos, por lo que la muerte de nuestros paisanos quedó diluida ante la migración del siglo XIX, siglo en que empezó la migración a los Estados Unidos que talvez no cese por muchos siglos más.

En la primer década de migración con una población de 8,000,000 de habitantes (1850-1860), México tuvo una migración hacia los Estados Unidos de 27,000 mexicanos un 0.34% de su población, el país todavía se encontraba en un profundo rezago económico dejado por el saqueo español, un gran desorden social y la incapacidad de un gobierno que no podía mantener su planta productiva provocando que su gente emigrara al vecino país. Para el 2005 emigraron más de 500,000 mexicanos que con respecto a la población actual representa un 0.50%, esto con un gobierno que presume de estabilidad, prosperidad y paz social, esa cifra nos comprueba que hoy estamos peor que hace 150 años. En el 2006 seguimos siendo el primer productor de plata en el mundo, por eso tenemos a uno de los hombre más ricos del mundo pero más de 80,000,000 de gentes no tienen plata y por eso cada año perdemos la mitad de los nuevos mexicanos que se incorporan a la actividad productiva. El 90% de la planta productiva del país ve a Estados Unidos como la posible solución a sus problemas económicos. Así, tenemos que hoy en los Estados Unidos se encuentran 490,000 mexicanos entre profesionistas y posgraduados trabajando y desarrollando muchas veces actividades muy ajenas a su profesión. Nuestra famosa fuga de cerebros, tan criticados por muchos, por considerarlos "personas que no la hacen en su país" y por eso se encuentran de lavaplatos, lava-carros, jardineros, lava-baños, cargadores, campesinos, obreros, de todo, menos en la disciplina para la que se entrenaron en su país, y todo esto por no encontrar una oportunidad en el lugar que los vio nacer. Pero quien ha trabajado en la burocracia se puede dar cuenta de la gran cantidad de burócratas acéfalos, que están en un puesto por el apoyo de un familiar, un conocido íntimo, un compadre, un(a) amante, muchos de estos también burócratas acéfalos, lo que explica claramente porque uno de los países más ricos del planeta, es de los países más corruptos y violentos, y unos cuantos reprimen a toda su gente y la mantienen en la más absurda ignorancia, la más deprimente pobreza y en el más terrible conformismo.

Capítulo 17

¿COMPRAS O ROBOS?

Los políticos norteamericanos son tan buenos negociantes que creen que todos los territorios que nos robaron los compraron, son tan buenos líderes que han convencido a su gente de que los compraron y son tan convincentes que sus escritores, periodistas y hasta historiadores les creen también que los compraron, sí como no. Así lo describen en sus artículos y en sus libros y de esta manera enseñan en sus escuelas y a su sociedad la venta-compra-robo de nuestros territorios del norte. Así también su sociedad tiene la fijación de la idea, de que fuimos los mexicanos humildemente a pedirles que nos hicieran favor de comprar nuestros territorios, al precio que ellos quisieran y ellos fueron tan piadosos que aceptaron, ¡Tengan su moco de guajolote!.

Este capítulo también se pudo haber llamado: VENDES O TE ROBO, VOY DERECHO NO ME QUITO SI ME PEGAN ME DESQUITO, en vez de: ¿COMPRAS O ROBOS?, porque a pesar de su insistencia en querernos comprar todos nuestros territorios del norte, nunca se accedió a venderles y como no les vendimos optaron por robarnos.

Todos los presidentes posteriores a la consumación de la Independencia en 1821 hasta 1847, se negaron a vender un centímetro cuadrado de tierra. Durante este periodo existieron relativas buenas relaciones entre Estados Unidos y el Partido Liberal Mexicano, que llevo a la presidencia a gran parte de de sus candidatos en este periodo. Pero Estados Unidos utilizó aquellas relativas buenas relaciones, para tratar de convencer y hasta sobornar a todos nuestros presidentes para que se les vendieran nuestros territorios; hasta que cayó el primero y máximo traidor de nuestra patria Antonio López de Santa Anna Pérez Cabrón, perdón Lebrón.

Pero no solo fue un robo, fueron seis robos desde 1607 en que pisaron los ingleses tierras de la Nueva España, hasta 1963 en que se apropiaron las últimas 54 hectáreas de territorio mexicano y todos se ajustan perfectamente a las definiciones que da Larousse de la palabra ROBO.

DEFINICIONES DE ROBO O ROBAR

*Tomar para sí con violencia lo ajeno.
*Hurtar de cualquier modo que sea.
*Llevarse los ríos las tierras de las márgenes.
*Apoderarse de lo ajeno con violencia, intimidación, fuerza o engaño.
*Apoderarse de una propiedad, con ánimo de lucro, de bienes inmuebles ajenos.

Cualquiera de éstas definiciones describen la forma en que fuimos perdiendo nuestros territorios, hasta perder más de 2,400,000 kilómetros cuadrados.

PRIMER ROBO

El primer robo fue llevado a cabo por ingleses, franceses, holandeses y rusos, pero finalmente se lo quedaron todo los ingleses o más tarde los norteamericanos; cuando llegan a la Nueva España en 1607, a una tierra que no les correspondía, a una tierra concedida a España por ser los primeros exploradores de América que lo daban a saber al mundo y que por Bula el Papa Alejandro VI en el año de 1493 le otorga a España todas las tierras de América a excepción del territorio de Brasil que quedaba en dominio de Portugal. Pero al desconocer Inglaterra la autoridad papal, los ingleses, franceses, holandeses y rusos, inician la invasión del norte de América y en 400 años se apoderan 19,343,224 kilómetros cuadrados, luego se reparten y comparten y se negocian y se renegocian, quedando de la siguiente manera: 9,372,414 para los ingleses protestantes y forman los Estados Unidos de Norteamérica y 9,970,610 para los ingleses anglicanos y forman Canadá.

En 400 años de invasiones en América se apoderan del 45 % del continente americano, invaden y controlan 19,343,224 kilómetros cuadrados de los 42,560,270 kilómetros que tiene el continente americano, dividido entre solo cuatro países que no tenían porque estar aquí. Los anglosajones llegaron de Inglaterra, de un país de 244,100 kilómetros cuadrados y multiplicaron su tierra en América 80 veces. Cada grupo de ingleses se adueño de una superficie muy similar a todo el territorio del continente europeo que mide 10,349,915 kilómetros cuadrados. Nos salieron bastante abusones los güeritos. Tenemos mucha confianza en sus grandes habilidades y en la NASA, para que pronto pasen de la Luna, a Marte y probablemente a Venus y sigan su camino ya marcado de Sajonia- Inglaterra-América-La Luna-Marte y todo el Universo para ellos solitos y solo les pediríamos que no nos cobren tributo por utilizar un poco al Sol.

Así perdió México esas tierras del norte; 19,343,224 kilómetros cuadrados que España debía de heredar a nuestros país por nuestra Independencia, por sus hijos españoles que en el año 1800 sumaban más de un millón y antes que nada por nuestra herencia nahuatlaca, que desde el año 3000 a.c. ya se había asentado en el Lago Salado de Utah y comenzaron a emigrar hacia México hasta la última tribu que salió de Aztlán, también de las orillas del Lago Salado, por el año 1100 de nuestra era, que más tarde se convertiría en la tribu más poderosa de México, los Aztecas.

SEGUNDO ROBO

En el año 1836 se independizó de México parte de su territorio del norte, el que recibía el nombre de Tejas, varios rebeldes iniciaron el movimiento de independencia, donde la mayoría eran anglosajones a los que se les había permitido ir a vivir a Tejas. Por esas fechas los anglosajones ya superaban a los mexicanos a razón de 12 anglosajones por un mexicano. De esa manera, con el apoyo del gobierno norteamericano lograron vencer al ejército mexicano, encabezado por Antonio López de Santa Anna, quien es capturado y obligado a firmar el Tratado de Velasco, con el que México perdía 500,622 kilómetros cuadrados, territorio que posteriormente en 1845 los norteamericanos lo anexaron al suyo, muy a pesar de que en el Tratado de Velasco, se había estipulado que se concedía la independencia de Tejas para que fuera una república libre y soberana, pero los norteamericanos no respetaron el Tratado que ellos mismos habían redactaron y se anexaron el territorio de Tejas, solo que lo anexaron con el nombre de Texas. Que falta de respeto y que falta de palabra, a ser hombrecitos es lo primero que les hubiera enseñado Thor para poderlos dejar salir de Sajonia o Enrique VIII para dejarlos salir de Inglaterra.

TERCER ROBO

Con el Tratado de Velasco quedaron perfectamente establecidos los nuevo límites entre México y los Estados Unidos, quedando como división entre los dos países el Río Nueces, pero como para la ambición de los norteamericanos no hay límites, quisieron adelantar su frontera hasta el Río Bravo, aproximadamente 150 kilómetros hacia el sur de nuestro territorio y empezaron a mandar sus soldados encabezados por el general Taylor, también México envió sus soldados, con el general Arista al frente a defender esa franja de territorio que querían los norteamericanos, que era una franja de 150 kilómetros de ancho, por todo lo largo del estado de Texas que era de 1300 kilómetros. En resumidas cuentas, los norteamericanos querían robarse 195,000 kilómetros cuadrados más de nuestro territorio y terminaron robándoselo. En ésta franja entre el río Nueces y río Bravo, se dieron los primeros enfrentamientos a lo que se llamó "la masacre de Palo Alto", donde murieron 11 soldados norteamericanos y 252 mexicanos. Este fue el pretexto que se planeo y se informó al Congreso norteamericano para justificar la declaratoria del inicio de la guerra entre México y los Estados Unidos en 1846. Originalmente se pretendía esta franja Nueces-Bravo de 195,000 kilómetros cuadrados que es una superficie muy similar al tamaño de nuestro estado de Chihuahua. Pero ya echados a andar se siguieron de frente hasta concluir lo que consideramos el cuarto robo.

CUARTO ROBO

Posterior a la consumación de nuestra Independencia, por muchos años no cesaron las propuestas de compra de nuestros territorios del norte por parte de los Estados Unidos, se planeo y llevó a cabo la provocación para entrar en conflicto con nuestro país cuando no encontraron respuesta favorable a sus propuestas y con el incidente dado entre las tropas de Arista y Taylor en la franja Nueces-Bravo se inició la guerra que terminó con la invasión total de nuestro país, obligando a nuestros representantes legales a formalizar el tercer y cuarto robo en un solo tratado, el Tratado Guadalupe-Hidalgo, con el que se entregó más de la mitad de nuestro territorio. Se entregó el territorio que hoy forma los estados de California, Nuevo México, Nevada, Utah, Arizona, parte de Colorado, Wyoming, Nebraska, Kansas y Oklahoma, además de la franja Nueces-Bravo, en total se entregaron 2,378,539 kilómetros cuadrados. El cuarto robo es uno de los más dolorosos porque partió al país por mitad, más triste porque no teníamos las mínimas condiciones para enfrentar a los norteamericanos, más vergonzoso porque la influencia de España en nuestro país fue solo para crear caos y corrupción y más despreciable porque la Iglesia que llegó a México para evangelizarnos y dizque protegernos, finalmente optó por unirse a los protestantes calvinistas norteamericanos. Ejemplo más claro no podemos tener de lo que nos depararía el destino de seguir confiando en los europeos, cuando los seres más sensibles y cercanos a Dios nos traicionaron, de los demás solo podemos esperar el deseo de muerte. Tercer y cuarto robo y México en la baba. Hoy es el momento de ponerles un alto a los anglosajones y hacerles cuentas desde el principio.

QUINTO ROBO

Para el quinto robo se contó con la participación de un gran traidor y la desfachatez de ladrones consumados. Un nuevo negociante norteamericano el general James Gadsden y del gran traidor Antonio López de Santa Anna Pérez Lebrón que regresa a la presidencia de México por onceava y última vez y como siempre a cometer puras barbaridades. Ahora las pretensiones de los norteamericanos son las Baja Californias, Sonora y Chihuahua, tres de los estados más grandes del país que nos quedaban, y finalmente es obligado el gobierno de México a firmar un nuevo Tratado, el cual es llamado "Tratado de la Mesilla", firmado el 30 de diciembre de 1853 por Antonio López de Santa Anna y por el General norteamericano James Gadsden. Por 10,000,000 de pesos ahora perdíamos 76,845 kilómetros cuadrados, una superficie similar a nuestro estado de Jalisco. Solo a eso regreso el gran traidor de la patria con el apoyo incondicional de su partido el Conservador y fuerza cinética de la Iglesia Católica. Con una sociedad con grado superior de primero de secundaria y en las condiciones de nuestra educación, eso y nada es lo mismo. En 200 años de dizque independencia, no hemos conseguido siquiera la conciencia de lo que han pretendido nuestras Constituciones, los gobernantes embrutecidos por el poder y los ciudadanos brutos por no comer y por no estudiar. Cuando un libro no logra su cometido, solo puede ser por tres causas: somos unas bestias, porque no nos gusta leer y ni siquiera nos acercamos a un libro o porque no entendemos el contenido del libro, o el libro es una total mentira, farsa o porquería que no merece ni llamarse libro (y entonces le ponemos Constitución), parece una idea muy clara repetida para todas las constituciones que hemos tenido, que sí los conocedores, los expertos, los que las hicieron, los que las establecieron y los que tenían que hacerlas cumplir, no las cumplieron, las violaron cuantas veces quisieron, entonces han sido nefastas todas, se han dejado huecos para que los que la conocen hagan lo que les convenga y no por error o por desconocimiento, se han dejado muy apropósito para el bien de unos cuantos. En el 2006 continuamos viviendo en la selva y ahora tenemos que cuidarnos de los águilas pelonas o calvas que siguen amenazando nuestros territorios y de pelotones burócratas que en 200 años de BURROCRACIA, solo han sido un lastre para el desarrollo de este pueblo mexicano que ya una vez demostró su grandeza desde Aztlán hasta Tenochtitlán y hoy nos lo están demostrando nuestros paisanos desde Tenochtitlán hasta Aztlán.

SEXTO ROBO

Finalmente hasta la naturaleza se puso en nuestra contra y entre los años 1852 y 1864, las torrenciales lluvias del norte del país fueron recorriendo el cause del río Bravo, el cual se fue metiendo en nuestro territorio, lo lógico era que el río Bravo pasara a nuestra propiedad, pues ya estaba dentro de nuestro territorio, pero no, voltearon las cosas y dijeron que nuestras 231 hectáreas ahora eran de su propiedad y no las quisieron devolver ni pagar ni nada, solo dijeron: "no sher mi culpa", "sher culpa del río Bravou", "reclamarle a su god Tláloc". Nuevamente una franja de territorio entre el Paso Texas y Ciudad Juárez Chihuahua estaba en conflicto, la famosa franja del Chamizal. Aunque una gran cantidad de mexicanos nunca hayan oído hablar de ella, por la triste cultura que nos da este país, y porque hasta las cosas más estúpidas parece que las manejaran como secreto de Estado. Los mexicanos no tenemos un índice de libros prohibidos como los que maneja la Iglesia Católica, nosotros tenemos un índice de actitudes y aptitudes prohibidas, impuesto por el gobierno como: no criticar sus sabios desempeños, no demandar servicios, no reclamar derechos, no pedir y menos exigir preparación, nunca, que ni se nos ocurra siquiera pedirles cuentas y hay de aquel que lesione la imagen inmaculada de nuestros funcionarios públicos, no vivirá para contarlo. Ante la incapacidad infinita, de toda la vida, que han mostrado la mayoría de nuestros 89 presidentes, que bueno que hoy pongan el muro o muros que quieren los norteamericanos para dividir nuestras fronteras, eso nos dará un poco de más garantía a los mexicanos, porque ya no será tan fácil robarnos más territorio. La migración, como el mismo río Bravo lo hizo, buscará nuevos caminos. Del otro lado del muro está una quinta parte de nuestra gente, nuestras familias y ellos también tienen derecho a abrir las puertas del viejo Aztlán. *Uno o dos muros la migración no van a detener, pero de las garras del águila pelona a México sí lo van a proteger.*

Con el desvió del río Bravo, invadiendo también nuestro territorio, perdimos parte de la franja del Chamizal.

Durante 100 años se negocio su devolución y finalmente solo se recuperó parte de ella con el acuerdo firmado entre los presidentes Adolfo López Mateos y el presidente John Fitzgerald Kennedy, regresándonos solo 177 hectáreas de las 231 que habían quedado de aquel lado del río, robando nuevamente a nuestro país 54 hectáreas que pasaron a formar parte del territorio de la ciudad del Paso Texas. Este último robo fue legitimado con el Tratado del Chamizal y firmado el 29 de agosto de 1963.

INTERPELATORIO

ILEGALES LEGALES Y LEGALES ILEGALES

En el año 2002 había en los Estados Unidos 4,800,000 indocumentados mexicanos, considerados ilegales por no tener documentos migratorios. Sin embargo, 1000 años antes, en las riveras del Lago Salado de Utah vivían nuestros antepasados, quienes dieron origen a todas las tribus Nahuatlacas que por esas fechas iniciaron su migración y llegaron a las orillas del lago salado del Valle de México antes del año 1325. Formaron nuestras antiguas culturas de los Olmecas, los Mayas, los Teotihuacanos, los Toltecas, los Aztecas y varias otras tribus que se asentaron en diferentes partes del territorio de México.

En el año 1493 el Papa Alejandro VI, dividió el mundo y principalmente las tierras descubiertas entre dos países, España y Portugal. España se quedo con casi toda América y Portugal sólo con lo que hoy corresponde a los territorios de Brasil en América. Aprovechando los ingleses el conflicto de Enrique VIII, Rey de Inglaterra, con el papado romano que no le nulifico su matrimonio para poderse casar con Ana Bolena, el desconocimiento de la figura papal y su separación de la Iglesia Católica para crear una nueva iglesia anglicana, los ingleses empezaron a invadir la región norte de América desconociendo la bula del Papa Alejandro VI e ignorando el derecho de propiedad que tenía España sobre toda América del Norte. En 250 años, los ingleses despojaron a España y a México de más de 19,000,000 de kilómetros cuadrados de territorio. Se apropiaron de casi la mitad de América, 45% del territorio del continente Americano.

La grandeza de Europa posterior a la Edad media, se debe a América y principalmente a México, que fue el país más saqueado por España, sus riquezas de manera legal o ilegal llegaron a todos los países de Europa principalmente a España e Inglaterra. Riquezas que le permitieron a la isla Británica su revolución industrial que tanto impacto en todo el mundo, pero gracias a las riquezas canalizadas por España. Gran parte de las riquezas que llegaron a Europa, llegaron de forma ilegal por medio de piratas o corsarios que asaltaban los barcos españoles en alta mar. Esto lo demuestra la presencia de la gran cantidad de tesoros Aztecas que hoy se encuentran en

Inglaterra, Francia, Holanda y otros países de Europa. Hasta la cama del noveno emperador Azteca Moctezuma II, labrada en oro y con una gran cantidad de pedrería, llego a Francia por medio de su corsario Juan Florentino que la robo de uno de los primeros embarques de riquezas que se llevaba España de nuestro país.

Finalmente es indudable que hemos tenido pésimos gobernantes, los peores si así quieren pensarlo, pero no solo desde nuestra independencia, sino desde la conquista los gobiernos españoles estaban permeados de una terrible corrupción, misma que heredaron a los primeros gobiernos mexicanos y que hoy todavía padecemos, eso lo demuestra el hecho de haber sido calificados en los últimos años una y otra vez, como uno de los países más corruptos del mundo. Esta corrupción en parte se debe al herencia española y en parte a la miseria con la que nos han dominado y sometido las grandes potencias. Es claro que los ilegales en América son los ingleses que vinieron a invadir nuestro continente y una herencia dejada a los mexicanos por España y aunque se creen hoy los poseedores legales de Norteamérica, la historia de su estancia en América ha estado llena de trampas y abusos con los que han pretendido legitimar su estancia en América. Todo mexicano que se encuentre en cualquier parte de Norteamérica debe ser legal, no se diga si se encuentra en California, Utah, Nevada, Arizona, Nuevo México, Colorado, Texas, Kansas, Oklahoma, Nebraska y Wyoming, y no debe caber duda si se encuentra en las tierras blancas de Aztlán en las riveras del Lago Salado de Utah. Por lo tanto, un mexicano es legal en cualquier parte que se encuentre desde la frontera con Guatemala, hasta las tierras o nieves más frías de Canadá y es legal por derecho natural e histórico.

EL COLMO DEL DESTINO, PAGAR LA DEUDA ESPAÑOLA

En 1822 el último Virrey de la Nueva España don Juan O´Donojú, firma con Agustín de Iturbide y Vicente Guerrero el acuerdo de Córdoba para aceptar nuestra independencia, pero con la condición de que México aceptara asumir la deuda externa, que hasta aquel momento la Nueva España había contraído con Inglaterra. Hasta la fecha hay varios datos que manejan los escritores sobre la deuda externa que contrajo México al hacerse independiente, algunas de las cifras son las siguientes: 16 millones, 20 millones, 24 millones, 45 millones y 74 millones. Cualquier cantidad que hubiera sido era impagable para la nación recientemente independizada, por que los pocos fondos recaudados no alcanzaban ni para el pago de la burocracia. Para España hubiera sido muy fácil liquidarla, por que con dos o tres años que hubieran dejado en México el porcentaje de la recaudación que se les enviaba se hubiera pagado la deuda, pero para España no basto la inmensa cantidad de riquezas que saquearon del país de las cuales gran parte llegaron legal o ilegalmente a Inglaterra, Francia y Holanda. Hoy es el colmo más grande del destino tener que pagar una deuda que nunca nos beneficio, sino al contrario fue empleada para crear los medios con los que nos explotarnos más y para aumentar y acelerar el saqueo de nuestro país. Pero el saqueo continúa hoy en día, con la inmensa cantidad de recursos que se llevan los bancos de las grandes potencias como pago de intereses por aquella deuda creada por España. Tan solo en los últimos 10 años se han pagado más de 80 mil millones de dólares, la mitad de la deuda externa, por concepto principalmente de intereses. Este saqueo continúa a través de más de 500 bancos, hoy les importa muy poco que el país tenga más de 80,000,000 de pobres , que sea el primer expulsor de emigrantes del mundo, que mueran más de 500 personas cada año al tratar de cruzar la frontera y que más de 10 millones de hogares se encuentren en proceso de desintegración por que el jefe de familia se encuentra en los Estados Unidos.

HASTA NUESTROS INDÍGENAS EMIGRAN AL EXTRANJERO

En el 2006, 82,000,000 de mexicanos compartimos sangre con nuestras razas indígenas y solo 12,000,000 conservan su sangre indígena pura. Pero esta pureza para nuestra raza ha sido una maldición, porque desde la llegada de los españoles casi los exterminan, en 90 años de contacto con los españoles de 30,000,000 de indígenas quedaron menos de 1,000,000 y a 500 años de distancia de aquel millón hoy, en el 2006, son 12,000,000. Durante esos 500 años padecieron las más terribles persecuciones para ser atrapados, esclavizados y vendidos en Europa por el español Nuño Beltrán, su ejército de españoles y algunos indígenas reclutados para que les ayudaron a capturar a otros indígenas. Sufrieron infames masacres por defender sus tierras y su gente, estuvieron sometidos a las más extenuantes jornadas de explotación, sin tiempo, sin paga y sin alimento, por que con un solo trozo de masa que se les daba en muchas plantaciones como alimento, esperaban que rindieran de sol a sol y una vez muertos solo pedían su reposición. Ya en 1581 Felipe II había afirmado, ante una audiencia de la corte, que ya una tercera parte de los indígenas de América habían sido aniquilados y que los que aún vivían eran obligados a pagar tributo por ellos y por los muertos, porque la Corona no puede, ni debe perder. Además, agregó que los indios eran comprados y vendidos y que el negocio era tan fructífero como el que llevaban a cabo los portugueses con el tráfico de negros del África.

En el México independiente la situación del indígena mexicano mejoró muy poco y en el México moderno continúa la misma situación.

Aztlán, Origen y Destino

Aunque con el movimiento de independencia se abolió la esclavitud y se proclamó por la igualdad de los hombres en nuestro país, en el 2006 fuimos calificados como el país con la mayor desigualdad social del mundo y precisamente es el indígena el que queda situado del lado de la pobreza, de la marginación y del olvido.

Pero esos hombres de raza pura y de fuerte temple, no han perdido la esperanza de que existan seres humanos en alguna parte del mundo que puedan incluirlos en su proyecto de vida. Hoy 250,000 de nuestros indígenas han dejado también sus familias para emigrar e ir en busca del progreso prometido que con 200 años de guerras y supuesta independencia, la libertad, la democracia, el progreso y las riquezas, no se han aparecido todavía por sus comunidades. Por lo tanto, ellos han tenido que salir en busca ello y no dentro de nuestro país como lo hicieron por muchos años en que emigraron a las grandes ciudades, sino siguiendo el ejemplo de sus hermanos de sangre quienes se han jugado la vida cruzando una frontera cada vez más hostil en busca no del sueño americano, sino sólo de calmar la angustia que produce el hambre de sus hijos y la miseria de su padres. Esos 250,000 indígenas están triunfando fuera del país y lejos de sus gentes, como nunca lo imaginaron y como nunca lo hicieron en los últimos 500 años. Hoy solamente ellos envían en remesas a nuestro país más dinero que todo el presupuesto que el gobierno asigna al estado de Oaxaca. Bien por nuestros paisanos y sus familias que ahora sí comerán como Dios manda. Por fin, Huitzilopochtli les está haciendo justicia, desde Aztlán hasta Oaxaca, Chiapas, Yucatán, Campeche, Tabasco, Veracruz, Puebla, Michoacán y Guerrero principalmente.

MEXICANOS EN GUERRAS NORTEAMERICANAS

Es curiosa la historia de México que a 196 años de independencia nunca le ha hecho la guerra ha nadie, absolutamente a nadie por iniciativa propia, al contrario ha luchado por que no sucedan las guerras o por que terminen las mismas. Pero dentro de él la guerra fue casi constante desde 1810 hasta 1920. Transcurrieron 110 años de supuesta libertad y en vez de construir un país se fue destruyendo y hundiendo poco a poco, con una deuda que no paró de crecer, pasando de 24,000,000 de dólares en 1821 hasta 553,000,000 de dólares en 1920. Posterior a la pérdida de más de la mitad de nuestro territorio, 108,000 compatriotas decidieron quedarse en aquellas tierras iniciando una migración que hoy es 100 veces mayor a la ocurrida a mediados del siglo XIX donde emigraron 50,000 mexicanos cada década de los últimos 50 años del siglo XIX. Hoy emigran hacia los Estados Unidos 500,000 mexicanos, pero cada año. Esta expulsión de connacionales no es nada halagador y solo demuestra que el progreso que se presume en el país solo lo disfrutan unos cuantos de los 105 millones de habitantes. En el 2005, 120,000 soldados del ejército norteamericano eran de origen hispano y han sido empleados en las tareas de mayor riesgo en las últimas guerras que ha llevado acabo el gobierno norteamericano. Esto lo demuestra el mayor porcentaje de bajas que ha habido en las últimas guerras de soldados de origen mexicano que se encuentran en las filas del ejército norteamericano.

Norteamérica ha sido para los méxico-norteamericanos, o mexicanos residentes o ciudadanos de los Estados Unidos, una patria que los adopta cuando los ocupa para la guerra, pero los rechaza cuando le piden tener una vida digna dentro de la sociedad norteamericana. Pero finalmente, son mexicanos que luchan por la tierra que pisan más de 25,000,000 de mexicanos y que si se lucha por sus derechos pronto serán más de 70,000,000 millones de mexicanos en los Estados Unidos, los que tendrán que luchar y por los que se tendrá que luchar para que tengan los derechos de un ciudadano de América y hablamos de América nuestra tierra continental patrimonio de los verdaderos americanos.

JUSTICIA MEXICANA, LA MÁS CARA DEL MUNDO

De la mala dirección de éste país todos somos culpables desde el más rico hasta el más pobre, desde el activista hasta el indiferente. Pero lo peor que tenemos en este país es nuestro sistema de justicia. Esa impresión no solo es un sentimiento generalizado de toda la población, todos lo vivimos a diario siendo víctimas de robos, de extorsiones, de asaltos, de asesinatos, de secuestros, *de abusos por parte de la misma autoridad*, de extorsiones de la misma autoridad, de secuestros por los mismos policías o judiciales, en fin la lista es interminable. En conjunto el sistema judicial es un sistema corrupto que tiene precio al mejor postor, y falso que la ley sea ciega e imparcial por que el dinero le da ojos y la desvía a donde se quiera. Este sistema ha sido totalmente incapaz de aplicar la justicia como debería de ser y queda demostrado por que el 98% de los casos denunciados están sin resolver; sin agregar la inmensa cantidad de casos que no se denuncian y no se denuncian porque no se tiene confianza en la misma justicia o porque muchas veces es peligroso hacer una denuncia pues la misma autoridad esta coludida con los delincuentes; aún peor cada mexicano tenemos que aportar cada año 200 pesos (cuatro salarios mínimos aproximadamente) para pagar un servicio de justicia que no sirve de nada y que muy al contrario, en vez de ayudarnos nos perjudica porque muchas veces terminamos siendo victimas de él, y ahí sí ¿Quién castiga al castigador?, el solapador, el solapador recibe su parte y se calla o simplemente se calla y a veces lo callan o lo mandan callar.

En los Estados Unidos cada habitante paga 240 pesos

por año, o sea 22 dólares (menos de medio salario mínimo) por un sistema de justicia que no puede compararse con el nuestro, además, de que es un sistema que sirve para atender a más de 300,000,000 de norteamericanos 3 veces más que los que atiende nuestro sistema de justicia y que atiende muy mal a un costo muy por encima del norteamericano (con respecto a los salarios mínimos que cuesta) 200 pesos por mexicano por año y para que al final de cuentas, terminemos siendo víctimas del propio sistema de justicia, no por nada el hermano Alex Lora los llama la perjudicial.

ANIVERSARIO DE LA DEPENDENCIA DE MÉXICO, 2010

Definición: **Independencia, autonomía de un estado que no es tributario ni depende de otro.**

Este aniversario del año 2010 de la independencia de México, que tanto se empieza a anunciar, será una farsa total, porque ni la consumación de 1821, ni el reconocimiento de 1836 por España, nos han hecho un estado libre, soberano y autónomo. Muy al contrario hoy nos matan las enfermedades crónicas: La diabetes, la obesidad, la hipertensión, la desnutrición y el mal gobierno, tenemos gobernitis, gobernosis y gobernomas, estos últimos son los peores. Esta cronicidad del mal gobierno que en un principio nos hizo creer en la ilusión de hombres libres e independientes, hoy nos mantiene más esclavizados que nunca, pagando tributo a más de 500 bancos de todo el mundo, lo que ha limitado el desarrollo del país al grado de tener un 80% de la población en la pobreza. Esto solo nos hace un país dependiente de las principales potencias del mundo. No solo dependemos económicamente de ellos sino de sus tecnologías, de su energía, de su medicina, de su industria militar y hasta nuestra alimentación depende de ellos. Esa es la peor vergüenza de todos los tiempos a la que nos han llevado los malos gobiernos, a que ni siquiera seamos autosuficientes en la alimentación y estemos importando maíz y frijol, que en un tiempo fue el orgullo de nuestra producción agrícola. Nuestros antepasados Aztecas con cuatro meses de trabajo cosechaban los alimentos necesarios para vivir todo el año y los ocho meses restantes los dedicaban a servicios del imperio. Hoy el imperio nos tiene trabajando todo el año y nunca es suficiente para comer siquiera, no se diga para dedicar dinero o tiempo a otras actividades.

GRANJAS HUMANAS

Fue una sugerencia de un general inglés ya estando en Norteamérica, establecer granjas humanas en algunas de las muchas islas que ya poseían los estados Unidos, cuando la demanda de mano de obra empezaba a ser muy grande, desarrollar la cría de negros, con la finalidad de seguir esclavizándolos y de no tener que importarlos de

África. Esto, además, saldría más barato, criarlos en casa y de mejor calidad. Cuando se inicio la esclavitud de los indios americanos, las premisas para el indio eran las mismas que para el negro, solo hagamos un breve resumen de las múltiples estupideces del hombre blanco, de corazón rojo y conciencia negra.

- El Papa Inocencio VIII (1432-1492) recibió de obsequio 100 esclavos moros, a quienes distribuyó como gratificación entre cardenales y amigos.
- En 1619 llego a Virginia en los Estados Unidos, un buque holandés con 20 de los primeros esclavos negros que llegaban a Norteamérica, por los cuales hubo hasta pleitos por comprarlos. A partir de entonces comenzó la importación masiva de esclavos para las plantaciones de tabaco.
- En 1637 se realizó la primer matanza de indios norteamericanos en Saybrook, encerrando 600 pequots, entre hombres, mujeres y niños, bloqueándoles todas las salidas fueron quemados vivos.
- En 1833 declara el tribunal supremo de los Estados Unidos, que por nacimiento el indio americano es extranjero y por tanto carece de independencia.
- Las compañías mineras, de pieles y ferrocarriles, pagaban primas a los soldados por cada indio muerto, la prueba era la entrega de la cabellera de la víctima.
- Sheridan capitán del ejército norteamericano, decía que los únicos indios buenos eran los muertos.

- En junio de 1866 se reforma la constitución de los Estados Unidos en la enmienda decimotercera dando los derechos civiles a los negros. El primero de abril del mismo año, se reconoce la igualdad para todos los ciudadanos, excepto para los indios y para los mexicanos que se quedaron en Norteamérica después de la guerra de 1847, que aunque se había aceptado su ciudadanía con el Tratado Guadalupe-Hidalgo, los derechos civiles se les habían restringido, ellos fueron relegados, marginados, despojados, perseguidos y asesinados.
- En México los soldados españoles capturaban indígenas para luego ser vendidos a las minas.
- Juan de Oñate, Nuño Beltrán de Guzmán y sus ejércitos, fueron los principales traficantes de indígenas mexicanos, a los cuales capturaban y como en manada los llevaban hasta Veracruz, de donde eran embarcados a la isla de Santo Domingo y de ahí hacia Europa donde eran vendidos.
- El tristemente célebre Padre Kino, provocaba conflictos entre las tribus del norte toreándolas para que se matarán entre ellas y llegó al punto de juntar grupos grandes de indígenas, prometiéndoles regalos y en el momento de estar juntos eran masacrados por los soldados españoles. Clero y gobierno español, siempre fue una mancuerna diabólica.
- Los norteamericanos opinaban que los mexicanos éramos de piel oscura, casi como sus negros, solo

que sus negros ya habían aceptado su sumisión y su inferioridad.

- El fraile Bartolomé de las Casas, ante el exterminio de los indios de las antillas, sugería la importación de negros de África que eran además más resistentes para el trabajo.
- Para el norteamericano era insuperable la productividad del negro, porque producía cuatro veces más que un blanco y además su trabajo era gratis.

Cuando menos en los últimos quinientos años de historia de este planeta el dinero, el efectivo, lo que mueve al mundo, lo que quita el hambre, lo que compra conciencias, ha estado reservado a un pequeño grupo de familias del mundo y entre ellos el clero. La mayoría de los 6,400 millones de habitantes del mundo viven en la pobreza y podemos estar seguros, que la granja de cerdos más precaria de la Piedad Michoacán en México, tienen muchos mejores condiciones de vida para sus cerdos, que la población del mundo en general. Los cerdos comen todos los días y no solo eso, comen una dieta balanceada, la más adecuada para cada etapa en el desarrollo del cerdo, desde que nace hasta que tiene que llegar al mercado. Son vacunados todos en forma preventiva y se curan sus enfermedades a diario cuando se presentan. De esta manera se consigue el objetivo comercial y durante su estancia en la granja los animalitos tienen una vida feliz y después de la venta de los cerdos el porcicultor termina también haciendo un feliz negocio. Hoy las comunidades del mundo están siendo manejadas peor que viejas granjas de cerdos, sus manejadores en vez de repartir los alimentos que tiene que repartir, los intercambian, los venden o se los tragan y entonces si se hinchan como viles puercos, sin ofender a los cerdos. Se les asigna una de las mejores corraletas para vivir y el puerco intercambia la dieta de la granja por corraletas en Miami, en España, en Francia, en cualquier parte del mundo, y no le importa si hay o no suficientes dietas en casa, no le importa la vacunación y mucho menos el desarrollo de los nuevos lechones. Para acabarla de amolar tienen un fuero que los protege de llevarlos al rastro y como todas las heces deben de ir a parar a algún lugar, Suiza ha sido la principal receptora de todas estas inmundicias del mundo. Claro que solapadas por las potencias del mundo y del mismo clero. Quien quiera constatar que la tierra es una gigantesca granja humana, donde la mayor parte de su gente vive con menos de un dólar diario, pregunte en cualquier veterinaria por un kilo de alimento pedigree para perro y le dirán que exactamente cuesta 11 pesos mexicanos, un dólar norteamericano. Así, ocupamos un dólar diario para mantener un perro. Es claro que la vida para muchos animales está mejor planeada que la vida para los humanos, o ¿Será que precisamente ese es el plan?.

PROPUESTARIO

75,000,000 CIUDADANÍAS PARA MÉXICO

Hoy en día hay aproximadamente 12,000,000 de ciudadanos norteamericanos de origen mexicano, entre los que se encuentran descendientes de los primeros pobladores y descendientes de los inmigrantes que han llegado a los Estados Unidos en los últimos 150 años. Estos compatriotas que por 150 años fueron sujetos a persecución y exterminio en un principio y más tarde a vejaciones, menosprecio, racismo, segregación y limitación bien calculada y aplicada para detener o mermar al máximo su desarrollo e impedir su integración a la prospera sociedad norteamericana. Actualmente el gobierno norteamericano ofrece a los 25.1 millones de residentes en Estados Unidos que son de origen mexicano, solo 140,000 visas con calidad de "residente permanente" por año para aquellas personas que son solicitadas por sus familiares, que son ciudadanos en los Estados Unidos, que son solicitados por sus patrones, también para aquellos mexicanos que pudieran ser comerciantes, artistas, científicos o personas que tienen recursos suficientes para invertir, producir empleos y proporcionar importantes impuestos para la hacienda norteamericana. Pero en aquella guerra injusta y abusiva de 1847 perdimos 2,400,000 Km. cuadrados de territorios, los cuales representan una cuarta parte del territorio actual de los Estados Unidos y además se quedaron 108,000 mexicanos en nuestra representación y se firmó un tratado con vigencia perpetua por lo que los descendientes de mexicanos tienen derecho a una cuarta parte de la ciudadanías norteamericanas que para el año 2006 en que los Estados Unidos alcanza la cifra de 300,000,000 de habitantes en el mes de octubre, corresponden exactamente 75,000,000 de ciudadanías. Actualmente los mexicanos poseemos sólo 12,000,000 de ciudadanías, por lo que faltan 63,000,000 de ciudadanías de las que deben tomar posesión lo antes posible los mexicanos, antes de que se hagan viejas las cuentas y no se respeten como el Tratado Adams-Onis, el Tratado de Velasco o el Tratado de Guadalupe Hidalgo. El gobierno norteamericano debe otorgar esas ciudadanías a los mexicanos y sin pasar por sus denigrantes residencias, que según ellos son para demostrar que el poseedor de la residencia será un buen ciudadano. Señores anglosajones, estamos en América nuestra tierra natural y si quieren papeles o documentos, respeten la Bula del papa Alejandro VI, o respeten la herencia que dejó España a los mexicanos. Nosotros no les pedimos que se vayan de América a ustedes que ni siquiera son americanos, solo les pedimos que entreguen las 63,000,000 de ciudadanías que corresponden al pueblo mexicano y no a su paso de tortuga de 150,000 visas por año que ni siquiera son ciudadanías, sino sólo residencias temporales.

INGLÉS, SEGUNDA LENGUA PARA MÉXICO

La lengua inglesa es una lengua que todos los países del primer mundo dominan, aunque no sea su lengua principal. Para México es indispensable que se establezca el Inglés como segunda lengua; primero, por la estrecha relación que tenemos con los Estados Unidos; segundo, por la famosa globalización; tercero, porque nuestra gente va ha seguirse yendo a los Estados Unidos todavía por muchos años y eso les ayudaría más que cualquier oficio o profesión, a desempeñarse y desarrollarse en el vecino país; cuarto, en los países desarrollados de Europa, las personas hablan entre 3 y 5 idiomas como nuestro Benemérito de las Américas Don Benito Juárez quien hablaba Español, Inglés, Francés y Latín, además de varios dialectos de México y nos demostró que sí se puede, por lo que es imperante la necesidad de ser bilingües cuando menos y quinto, en nuestras escuelas, en algunas materias siguen enseñándose conocimientos que hace 20 y hasta 40 años ya cambiaron, pero toda esa nueva información solo se encuentra en Inglés y la falta de dominio de ese idioma nos va ha mantener 20 ó 40 años retrasados en muchos campos del saber que día con día cambian, pero para nosotros será lo mismo, hasta que alguien decida traducir los nuevos cambios al Español.

La lengua de Shakespeare supera a la de Cervantes cuando menos 500 años en su historia y su evolución, naciendo de las viejas lenguas germánicas desde el siglo V de nuestra era. También tuvo influencia de las lenguas romanos-celtas, normandas, del Francés, Griego, Latín y Español. La lengua de Cervantes es un dialecto romántico, nacido entre los monjes de castilla alrededor del siglo XI. Para el siglo XII (alrededor del 1140) aparece el poema del Mío Cid, escrito totalmente en castellano antiguo. Actualmente, aunque hay más habitantes que tienen el castellano como primer lengua que el inglés como primer lengua, la lengua de Shakespeare la supera en más del doble de hablantes por el mundo, 450,000,000 de habitantes en el mundo hablan el castellano y 1,000,000,000 hablan el inglés. La historia nos impuso el castellano como primer lengua con la llegada de los españoles y durante los 500 años de dominio e imposición de la lengua, el castellano también ha adoptado una gran cantidad de palabras de las 90 lenguas habladas en nuestro país sobre todo de la lengua yutoazteca, lengua hablada por la mayoría de las civilizaciones del centro de México: olmecas, teotihuacanos, toltecas, aztecas, tepanecas, azcapotzalcas, etc. Estas dos lenguas, la de Cervantes y de Shakespeare, son tan importantes en la vida del mexicano, que conocer las dos puede llegar a reducir a la mitad nuestros problemas económicos, aquí mismo en nuestro país y con más razón en los Estados Unidos donde hay una quinta parte de nuestra población y es indispensable para abrirse camino en aquel país.

El establecimiento del Inglés en México como segunda lengua traería grandes beneficios tanto para la gente que vive en él, como para la gente que viaja por el mundo y principalmente para los mexicanos que cada año emigran a los Estado Unidos, que tienen pensado emigrar en el futuro o que su destino se los tiene marcado.

La migración cumplió 158 años el 2 de Febrero del 2006, por que antes del 2 de Febrero de 1848 los mexicanos que iban a Aztlán, iban como visitantes o a colonizar aquellas tierras del norte y a partir de aquel 2 de Febrero se convirtieron en emigrantes ilegales y se hizo un delito cruzar la frontera para nuestra gente a pesar de que allá está nuestra tierra, nuestra gente y nuestro origen.

La migración presente en los últimos 158 años no va a detenerse todavía por muchos años, quizá siglos y no se detendrá ni con todo el ejército norteamericano, que un

7% es mexicano, ni con toda la patrulla fronteriza, que un gran porcentaje no revelado es hispano, ni con todos los Minute Man (Racistas y fascistas) que hoy están pidiendo la construcción de un muro como el que pedían que cayera en Berlín. Nunca podrán sellar las fronteras marítimas o los cielos norteamericanos y mucho menos podrán detener a los nuevos México-norteamericanos que tienen más derecho que los mismo anglosajones de permanecer, poseer y disfrutar de las tierras norteamericanas del Valle de Aztlán.

CINCO PAPAS MEXICANOS

El catolicismo, la doctrina religiosa impuesta por los españoles y portugueses en gran parte de América y de todo el mundo, hoy tiene más de 1000 millones de adeptos por todo el mundo. Sólo nuestro país cuenta con 95,000,000 de adeptos y es el que contribuye con la mayor cantidad de población católica del mundo y se podría decir que es el que más a contribuido con las riquezas materiales que hoy posee el Vaticano y muchas iglesias católicas de Europa. En los casi 2000 años de papado a habido 264 Papas. Se sabe que en el papado aunque se vote por un nuevo representante la elección no se mueve por democracia, sino por afinidades e intereses. Hoy ya es justo que se reconozca el poder económico que alcanzo el Vaticano con el soporte de España y el saqueo de México y otras colonias de América. En los últimos 500 años después de la consumación de la conquista de México y del inicio de la evangelización de la población mexicana, han existido los últimos 50 Papas. Conociendo que nuestro país contribuye con un 10 % de los fieles católicos y que en los últimos 500 años hubo 50 papas, con nuestro 10 % nos corresponden 5 Papas. Por lo tanto, México tendrá derecho cuando menos a cinco Papas en los siguientes 500 años. Aunque Italia a monopolizado el cargo de Papa y en los últimos 2000 años el Vaticano ha nombrado 211 Papas italianos de los 264 que han existido. Esperamos los mexicanos cuando menos tener un Papa cada 100 años en los próximos 500 años.

2 DE FEBRERO, TAMPOCO SE OLVIDA

El 2 de Octubre de 1968 que nunca se olvidará, se sufrió la más terrible represión hacia el pueblo de México sobre estudiantes y obreros que reclamaban la libertad de expresión, que no se tenía, la libertad de presos políticos, la destitución de jefes policíacos represores y corruptos, y el diálogo con el gobierno. Días antes ya se habían dado grandes movilizaciones, pero el día 2 de Octubre del 68 se reunieron aproximadamente 5000 personas en la plaza de las tres culturas donde fueron rodeados por el ejército, policías, agentes del estado mayor, agentes del FBI y agentes de la CIA, que no tenían nada que hacer en nuestro país, pero que siempre han estado metidos violando nuestra soberanía, en parte por la falta de carácter y en parte por la falta de testosterona de nuestro mal gobierno; cuando se encontraban rodeados en la Plaza de la Tres Culturas les dispararon a quemarropa matando a hombres, mujeres y niños que se habían dado cita en aquella plaza, o que se encontraban en ella por casualidad, y no conformes con aquella salvaje matanza persiguieron y mataron a las gentes que huyeron a esconderse en los edificios de Tlatelolco que se encuentran alrededor de la Plaza de las Tres Culturas. Pero no solo mataron a los que escaparon si no arrasaron con familias enteras dentro de los departamentos que les habían dado protección. El gobierno reporto 500 muertos después de la masacre, la mayoría de los periódicos reportaron al menos 5000 muertos. Clásico gobierno corrupto, cobarde y mentiroso.

Ese fue el gobierno de Gustavo Díaz Ordaz y su secretario del gobierno interior, Luís Echeverría Álvarez de quienes hoy se sabe que eran informantes de la CIA, *otro dos traidores más de la patria* y en premio a su buen desempeño el sistema político mexicano hizo presidente a Luís Echeverría Álvarez en el siguiente período, para gobernar a México, de 1970 a 1976. No cabe duda que aquella maquinaria maquiavélica del PRI funcionó por 71 años. Esperamos que en los próximos seis años del presidente electo Felipe Calderón Hinojosa, se desarme completamente esa secta político-satánico-cainesca. No hay otra forma de nombrar al partido que ya sobrepasaba los 40 años en el poder en 1968 cuando ocurrió la masacre y que nunca intento sacar al país de la miseria. El día 2 de Octubre, dejó un dolor intenso que sigue punzando y punza más, cuando nos damos cuenta que no ha habido poder humano que pueda tocar a los autores intelectuales y materiales de aquella masacre. Varios de ellos siguen vivos, burlándose de las leyes, de las familias que claman justicia y de nuestros muertos de 1968.

Pero **el 2 de Febrero de 1848**, tampoco se nos debe olvidar, porque los anglosajones que invadieron Norteamérica y luego invadieron nuestro país, nos arrebataron a la mala el 55% de nuestro territorio, 2,400,000 kilómetros cuadrados que pasaron a formar parte de 11 de los estados de la Unión Americana. No se nos debe olvidar, porque invadieron todo el territorio nacional, no solo lo que nos arrebataron. No se nos debe olvidar, porque mataron a todo el que se les puso en frente y sólo se salvaron los que aplaudieron su invasión, entre ellos la Iglesia Católica que en todo momento estuvo del lado de los anglosajones. ¿Habrían ustedes imaginado tal barbaridad o sabido de alianza más maquiavélica entre **Católicos y Protestantes?** ¿Cuál era el fin de los representantes católicos al unirse con los protestantes, contra el pueblo que habían evangelizado? *2 de febrero tampoco se olvida.*

LOS DIOSES: GUÍAS ESPIRITUALES, ALIADOS O ENEMIGOS

Hay tres dioses definitivos en la vida y en la historia del pueblo de México: Huitzilopóchtli, Quetzalcóatl y Yahvé. No dudo que haya quien considere que hacer esta comparación sea un sacrilegio, pero en su tiempo los dioses de nuestra gente indígena fueron tan significativos como lo es hoy Yahvé o Jesús.

Huitzilopóchtli fue el Dios Supremo entre nuestra gente del Imperio Azteca que fue venerado entre los años 1,000 y 1,500 de nuestra era. Cuando menos desde que salieron de Aztlán, de las orillas del Lago Salado en Utah, hasta la conquista de los españoles, en que destruyeron nuestros templos e impusieron el Catolicismo al pueblo del la Nueva España, como bautizó Hernán Cortés a Tenochtitlán, después de la conquista.

Quetzalcóatl fue el Dios Supremo de los Toltecas, uno de los primeros grupos nahuatlacas procedentes también de Aztlán, que llegaron al Valle de México en el siglo X, tuvieron un gran desarrollo entre el siglo X y el siglo XIII, siendo el periodo más importante el reinado de Ce Acátl Topiltzin Quetzalcóatl, que un día desapareció de su pueblo y posteriormente fue divinizado.

Yahvé o Jehová, Dios del pueblo hebreo que se hizo presente en la tierra por medio del judío Moisés, encargándole liberar al pueblo judío de la esclavitud en que lo tenía sojuzgado el pueblo egipcio. Este contacto se dio en el siglo XIII a.c., Moisés liberó al pueblo judío, pero permaneció errante por muchos años, sin poder establecerse en la tierra prometida y librando muchas batallas con los pueblos cercanos, como continúa hoy el pueblo de Israel, luchando por la tierra prometida y tratando de imponer sus leyes y sus costumbres. Pero Yahvé, en el año cero de nuestra era, se encarnó en María, para nacer en un hijo mortal, que llevaría su palabra a todo el mundo y moriría por el pueblo cristiano. Ese hijo de Dios es Jesús de Nazaret, hijo de María, una jovencita de 15 años, comprometida con José, carpintero, también de Nazaret.

Quetzalcóatl dios encarnado en Ce Acátl Topiltzin Quetzalcóatl, quien al llegar a la edad adulta se hizo sumo sacerdote, adoptando únicamente el nombre de Quetzalcóatl. En su período de gobierno fue cuando el pueblo Tolteca alcanzó su máximo esplendor y poderío. Al pueblo le enseño agricultura, medicina, minería, astronomía y artes. Nunca estuvo de acuerdo con la realización de sacrificios humanos. Fue tan importante su labor y forma de conducirse, que se convirtió en deidad de casi todos los pueblos, desde el centro de México hasta Centroamérica. El pueblo Azteca lo adoptó como uno de sus principales dioses y el pueblo Maya lo adoptó con el nombre de Kukulkán.

Huitzilopóchtli hombre de Aztlán, que alcanzó el más

alto grado de sacerdote y que una vez muerto fue hecho dios por el pueblo Azteca. Sus restos fueron cargados y venerados durante la migración que duró más de 165 años, para llegar a la tierra prometida de Tenochtitlán, donde se construyó el templo mayor en su honor y donde se depositaron sus restos. Por un lapso de más de 360 años se fueron cumpliendo todas sus profecías, desde su salida de Aztlán hasta la llegada de los españoles. En este lapso el pueblo Azteca se convirtió, en una de las civilizaciones más desarrolladas de América y más grandes del planeta en su tiempo.

Yahvé desde un principio se lo adueñaron los israelitas, llamándose y creyéndose el pueblo elegido. Pero más tarde se apoderaron de él y de su doctrina los romanos, pero esta vez con un doble propósito; de llevarlo por el mundo y de vender su doctrina. Posteriormente los anglosajones cambiaron a Thor por Yahvé, pero sin ningún compromiso, porque también se creyeron los elegidos, y al sentirse elegido el anglosajón no creen que tienen la obligación de respetar los Diez Mandamientos, ni ninguna regla del buen convivir; para ellos nada es importante en la tierra porque ellos ya están elegidos, diría yo, elegidos para poblar el fondo del cono de Dante.

Pero que ha sido Yahvé para nosotros: sus divulgadores que fueron los españoles en Tenochtitlán, llegaron aplastando el Huitzilopochtlismo y el Quetzalcoatlismo, destruyendo o enterrando toda estatua, figura o monumento dedicado a adorar a los dioses Aztecas. Más tarde quien continuaba con aquellas prácticas consideradas paganas, eran asesinados para escarmiento de los demás. Ya al final para exterminar el Huitzilopochtlismo y Quetzalcoatlismo, la bendita Santa inquisición se encargo de quien no se sometía al Catolicismo. En 485 años de evangelización, el clero junto con el gobierno español, casi nos exterminan, nos explotaron, muchas veces hasta la muerte y saquearon nuestras tierras. Antes del movimiento de independencia, el clero era dueño de más de la mitad de los inmuebles de todo el país y obtenía más ganancias que el mismo gobierno. ¿Cual era entonces la labor encomendada por Dios, para el clero? Porque al parecer no fue él quien los guió para nuestra evangelización, sino el Vaticano del que podemos asegurar que nunca tuvo las mejores intenciones para con nosotros. En los casi 2000 años de papado su comportamiento no ha sido el mejor ejemplo a seguir para el mundo Cristiano, con papas conspiradores, papas asesinos, papas mujeriegos, e incluso se especula de papas mujeres, papas hedonistas que más que papas eran sultanes. Se han considerado 39 papas herejes, de los 264 papas que ha habido desde San Pedro, considerado el primer papa. La única relación entre El Vaticano y los mexicanos era para exigir que se les hiciera llegar un jugoso tributo. Los indígenas casi muertos de hambre tenían que trabajar por una miseria y además dar el diezmo a la iglesia, que durante toda la

Colonia fue obligatorio. Todavía al darse la consumación de la independencia de México, en el "Plan de Iguala" de las Tres Garantías, una de las garantías era que la religión católica sería la oficial y no había tolerancia para la entrada de otras religiones. España, el país católico que trajo la religión a México, hoy es un país del primer mundo con un ingreso per cápita de 22,000 dólares anuales en el 2003, mientras que México en el 2004 apenas sí tenía un ingreso per cápita de 5,889 dólares anuales. ¿Será el propósito de Yahvé tener católicos ricos y católicos pobres? ¿Débiles y fuertes? ¿Sabios e ignorantes? ¿Cuál es la influencia de la Iglesia en los pueblos que evangeliza? y ¿Cuál es el fin?.

El Huitzilopochtlismo y Quetzalcoatlismo, fueron doctrinas más nobles con el pueblo mexicano, que lo que ha sido el Catolicismo en la historia de nuestro país. Aún así, el Huitzilopochtlismo hoy vive y es una de las principales fuerzas del Catolicismo. Esta fuerza se ha convertido en uno de los más importantes símbolos religiosos y patrióticos que nos identifica dentro de México y por todo el mundo, Nuestra Virgen de Guadalupe, españolización de Coatlaxoupeuh, Coatlicue, Tonantzin la madre de todos los dioses Aztecas, que se hizo presente ante Cauahtlatohuac (Águila Solitaria), a quien más tarde llamaron Juan Diego y Coatlaxoupeuh pidió a Cauatlatohuac que le construyeran otra vez su templo donde se lo habían destruido los españoles; recordemos que a Tonantzin o

Coatlaxoupeuh se le construyó su templo en el cerro del Tepeyac, así como la famosa calzada para poder llegar hasta él, entre el año 1427 y el año 1440, durante el periodo de gobierno del cuarto emperador Azteca Itzcóatl. De ésta manera Coatlaxoupeuh siguió siendo venerada a pesar de que le castellanizaron su nombre y se lo cambiaron por el de Guadalupe. El 12 de diciembre de 1945 Tonantzin, ahora llamada Guadalupe, fue nombrada por el Papa Pío XII "Emperatriz de América".

A través de la historia de nuestro país muchas personalidades de nuestro país llevaron y llevan su nombre como:

Coatlaxoupeuh Victoria
José Coatlaxoupeuh Posadas
Coatlaxoupeuh Amor (Pita Amor)
Coatlaxoupeuh Trigo
Coatlaxoupeuh Loaeza
Coatlaxoupeuh Juárez
Coatlaxoupeuh Pineda
Xoupitah Dalesio
Xoupeuh Esparza
Xoupilloh Rivera

DISPENSARIO

Quisiéramos pedir disculpas a todas aquellas personas, que sin merecerlo, pudieran sentirse ofendidas o agredidas, pero era obligación de nosotros denunciar algunos de los horrores que sufrieron nuestros indígenas a manos de los españoles, de la Iglesia Católica y de los hoy norteamericanos principalmente. Porque muchas de aquellas interrelaciones son la causa de la situación por la que atraviesa actualmente nuestro México. Tratando solo con dos indicadores, aunque hay muchos, nos pueden mostrar lo negativo de aquellas interrelaciones que hoy se reflejan en la sociedad como corrupción y desnutrición. Así, siendo México uno de los países más católicos del mundo, somos uno de los países más corruptos del mundo y somos uno de los países más ricos en recursos, pero con más pobres y sobre todo desnutridos.

Disculpas a nuestros amigos europeos, sobre todo

a nuestros amigos españoles, a nuestros amigos norteamericanos, a nuestros amigos sacerdotes y religiosas, a nuestros amigos burócratas, que conocemos y sabemos de su honestidad, su humanidad y su respeto por la vida, sin importar color, credo o ideología.

BIBLIOGRAFIA

- Vicente Riva Palacio
  México a Través de los Siglos tomos I y VIII
  Editorial Cumbre S.A.
  USA 1981.

- Varios
  La Biblia Latinoamericana
  Editorial Verbo Divino
  España 2000.

- Miguel León Portilla
  Estudios de Cultura Náhuatl
  Editorial UNAM
  México 1982.

- Antonello Gerbi
  La disputa del Nuevo Mundo

Fondo de Cultura Económica
México 1955.

- Gastón García Cantú
Textos de Historia Universal
Editorial UNAM
México 1976.

- Zdenek Salzmann
Antropología: Panorama General
Publicaciones Cultural S.A.
México 1980.

- Alan Riding
Vecinos Distantes
Editorial Joaquín Mortiz , S.A. de C. V.
México 1992.

- Jiménez Moreno/ Miranda/ Ma. Teresa Hernández
Historia de México
Editorial Porrua S. A.
México 1965.

-Luís Manuel Leyna/ Javier Arortegui
El Hombre (Mexicas)
Uteha S.A. de C. V.
España 1983.

- Roberto Blanco Moheno
La corrupción en México

Bruñera Mexicana de Ediciones S.A.
México 1979.

- Jacques Portes
  La hiperpotencia americana
  Spes Editorial S. L.
  Baume- les – Dames 2003.

- Héctor Figueroa Rasso
  La plaga burocrática
  B. Costa – Amic. Editor
  México 1976.

- Cuauhtemoc Anda Gutiérrez
  México y sus problemas socioeconómicos, tomos I y II
  Editorial del IPN
  México 1982.

- José Luís Martínez
  Pasajeros, de Indias
  Alianza Editorial S. A.
  México 1984.

- Marat Kuznetzov
  Compendio de historia económica
  Ediciones de Cultura Popular S. A.
  México 1980.

-Gustavo López Castro
  El río Bravo es charco

Editorial del colegio de Michoacán A. C.
México 1995.

- David Maciel/ Patricia Bueno
  Aztlán: Historia del pueblo chicano (1848 – 1910)
  Editorial SEP
  México 1975.

- Alberto Domínguez
  Braceros
  Anaya Editoriales S.A.
  México 1978.

- Manuel Valenzuela
  Entre la magia y la historia
  Editorial, Colegio de la Frontera Norte
  México 1992.

- G. Castillo/ Ríos Bustamante
  México en los Ángeles
  Editorial Patria S.A. de C. V.
  México 1989

- Edgar Mason
  México ¿Rico o pobre?
  Editorial Diana
  México 1980.

- Herminio Corral B.
  Los fabricantes de braceros

Edamex
México 1980.

- G. Castañeda / A. Pastor
  Límites en la amistad México y Estados Unidos
  Editorial Joaquín Mortiz S.A. de C. V.
  México 1989.

- Isaac Asimov
  El libro de los sucesos
  Lasser Press Mexicana S. A.
  México 1982.

- Arroyo Alejandre/ De León Arias/ Valenzuela Varela
  Migración rural hacia Estados Unidos
  Editorial, Consejo Nacional para la Cultura y las Artes

- José Silvestre Méndez Morales
  100 Preguntas y Respuestas
  Ediciones Océano S.A.
  México 1990.

- Mauricio González Mayorga
  Al rescate de México
  Edamex S.A.
  México 1968.

- Armando Ayala Anguiano
  México antes de los Aztecas
  Editorial Contenido S.A.

México 1978.

- Catherin Rollet
La población en el mundo
Editorial Larousse.
Francia 2004

- Raúl Gómez
Los Viajes de Colon
Dastin Exports S.L.
España 2004.

- Marco A. Almanza
El Redescubrimiento de México
Editorial Novaro S.A.
México 1970.

- Claude Julien
El Imperio Norteamericano
Editorial del Instituto del Libro
Cuba 1968.

- Timothy Green
El nuevo mundo del oro
Editorial Planeta S.A.
México 1983

- Elizabeth Baquedano
Los Aztecas
Editorial Panorama

México 1987

- Francisco Martín Moreno
  México Mutilado
  Editorial Alfaguara
  México 2004

- Germán Vázquez Chamorro
  Origen de los Mexicanos
  Ediciones y Distribuciones Promo Libro S. A. de C.V.
  España 2003

- Lucille Stephenson Bloch
  Modificación de patrones de población
  Editorial Limusa
  México 1976.

- Claudio Esteva Fabregat
  La Población Mundial
  Promoción Cultural S.A.
  España 1973

- Henri Perenne
  Historia económica y social de la edad media
  Fondo de Cultura Económica
  México 1974.

- Alejandro Witker
  Humanistas Del Siglo XVIII
  Editorial UNAM

México 1979

- Lucas Alemán
  Semblanzas e ideario
  Editorial UNAM
  México 1978.

- Sergio Aguayo Quezada
  El Almanaque Mexicano
  Editorial Grijalbo S.A. de C.V.
  México 2000

- Raúl Rivet
  Los Orígenes del Hombre Americano
  Fondo de Cultura Económica
  México 1960

- Fernando Orozco L.
  Historia de México
  Panorama Editorial S.A.
  México 1986.

- Raúl Gómez
  Los Aztecas
  Dastin Export S. L.
  España 2004.

- Varios
  Almanaque Mundial
  Editora Cinco.

México 2005

- Álvaro Matute
  Antología, México en el Siglo XIX
  Editorial UNAM
  México 1981.

- J. Joaquín Fernández de Lizardi
  El Pensador Mexicano
  Editorial UNAM
  México 1979.

- Samuel Ramos
  El Perfil del Hombre y la Cultura en México
  Espasa- Calpe Mexicana S.A.
  México 1979.

- Francisco Luís Cardona Castro
  Hernán Cortes
  Edimat Libros S.A.
  España 2002.

- Francisco Bulnes
  Paginas escondidas
  Editorial UNAM
  México 1978.

- Raúl Gómez
  Los Virreinatos Americanos
  Dastin Export S.L.

España 2004

- Francisco Luís Cardona Castro
  Cristóbal Colón
  Edimat Libros S. A.
  España 2002.

- Varios
  Historia General de México Tomos I y II
  Colegio de México
  México 1981.

- Colmenares/ Delgado/ Perea/ Gallo/ González
  De la Prehistoria a la Historia
  Ediciones Canto Sol.
  México 1986.

- Juan Brom
  Esbozo de la Historia Universal
  Editorial Grijalbo S. A.
  México 1973

- González Blackaller/ Guevara Ramírez
  Síntesis de Historia de México
  Editorial Herrero S. A.
  México 1970.

- Carey Mc. Williams
  Al Norte de México
  Siglo XXI Editores

México 1976

- Stanley Solana
Jesús
Edimat Libros S. A.
España 2002.

- Varios
Almanaque Mundial 2004
Editorial Televisa
México 2004.

- José Antonio Escudero
La Inquisición, Biblioteca Básica de Historia
Dastin Export S. L.
España 2004

- Ernst J. Görlich
Historia Universal Tomos I y II
Circulo de Lectores S. A.
México 1970.

- Miranda Basurto Ángel
La Evolución de México
Editorial Herrero S. A.
México 1971.

- Cue Cánovas Agustín
USA – EEUU y el México Olvidado
B. COSTA-AMIC

México 1970

- Aguayo Quezada Sergio
  Almanaque México – Estados Unidos
  Fondos de Cultura Económica
  México 2005.

- Varios
  Historia Mínima de México
  El Colegio de México
  México 1984.

-Érick Seinandre
  Los orígenes del hombre
  Larousse
  Francia 2005

-Bernal Días del Castillo
  Historia Verdadera de la Conquista de la Nueva España
  Grupo Editorial Tomo S.A. de C. V.
  Mexico D.F. 2006

-Jorge A. Vivó
  Geografía Política
  Editorial Herrero S.A.
  México 1979

-Clint E. Smith
  La frontera que desaparece
  Editorial Universidad Autónoma Metropolitana

México 1993

-Sandra E. Garibay Laurent
   Los Aztecas
   Ediciones Viman, S.A. de C.V.
   México 2006

-Ramón Cruces Carvajal
   Lo que México aportó al mundo
   Editorial Lectorum, S.A. de C.V.
   México 2006

-Gary Jennings
   Azteca
   Editorial Planeta, S.A.
   España 1999

ISBN 1425111459

Made in the USA
Coppell, TX
20 March 2022